V&R

Monika Marose (Hg.)

Trauer am Arbeitsplatz

Bausteine für den Religionsunterricht an berufsbildenden Schulen

RU praktisch – Berufliche Schulen

Mit Beiträgen von
Alexander Grodensky
Birgit van Elten
Ursula Engelfried-Rave
Naciye Kamcili-Yildiz
Barbara Koch
Sabine Lindemeyer
Monika Marose

Mit 72 Abbildungen

Vandenhoeck & Ruprecht

Bibliografische Information der Deutschen Nationalbibliothek:
Die Deutsche Nationalbibliothek verzeichnet diese Publikation in der
Deutschen Nationalbibliografie; detaillierte bibliografische Daten sind
im Internet über https://dnb.de abrufbar.

Umschlagabbildung: © rogistok/shutterstock

Satz: SchwabScantechnik, Göttingen
Druck und Bindung: ⊕ Hubert & Co. BuchPartner, Göttingen
Printed in the EU

Vandenhoeck & Ruprecht Verlage | www.vandenhoeck-ruprecht-verlage.com

ISBN 978-3-525-70287-1

Inhalt

Einleitung

Erfahrungen von Sterben, Tod und Trauer bestimmen die Lebenswelt Arbeit in weitaus höherem Maße als gemeinhin angenommen. Mittlerweile ist belegt, dass Krisen infolge von Verlusterfahrungen Unternehmen und Organisationen wirtschaftlich erheblich beeinträchtigen können, mangelt es an Sensibilität im Umgang mit betroffenen Mitarbeitern, Vorgesetzten oder auch Kundinnen und Kunden.[1] Das im Jahr 2015 durch den Deutschen Bundestag verabschiedete Präventionsgesetz[2] rekurriert u. a. auf diesen Bereich und fordert und fördert präventives Handeln von Sozialversicherungsträgern, Ländern und Kommunen im Dienste der Gesundheitsförderung. Trauerereignisse haben nicht nur Auswirkungen auf das soziale Miteinander in Betrieben und Unternehmen, sondern auch auf deren Produktivität. Insolvenzen aufgrund eines unsachgemäßen Verfahrens im Trauerfall sind nicht selten. Kein Unternehmen kann heutzutage zudem den Verlust von Facharbeiterinnen und -arbeitern riskieren, sollten diese sich aus Enttäuschung über unsensibles Auftreten von Kolleginnen, Kollegen und Vorgesetzten einem anderen Arbeitgeber zuwenden. Es mag zynisch klingen, an dieser Stelle ökonomische Argumente vorzustellen, denn selbstredend steht vor allem eine Verbesserung der Situation und das Wohl der Betroffenen im Zentrum aller Bemühungen. Verunsicherung und Hilflosigkeit, die angesichts von Erfahrungen von Sterben, Tod und Trauer in der Arbeitswelt erwachsen, sind zahlreich – und unbedingt vermeidbar.

Proprium des (Berufsschul-)Religionsunterrichts

Die Bedeutsamkeit des Religionsunterrichts (an berufsbildenden Schulen) wird bei kaum einem Sujet so deutlich wie angesichts der Konfrontation mit existenziellen Verlusterfahrungen. Zahlreiche Unterrichtsfächer vermitteln wichtige Kompetenzen in der Auseinandersetzung mit dem Themenfeld. Soziologie, Psychologie Pädagogik, (Praktische) Philosophie, Sozial- und Erziehungslehre, Gesundheitserziehung, um nur einige zu nennen, klären u. a. auf über Trauerprozesse und die Anatomie des Todes. Der Religionsunterricht jedoch bringt eine spezielle Perspektive in den Diskurs ein, denn sein Proprium ist das Axiom der Hoffnung. Er ermöglicht einen eschatologischen Diskurs, ein begründetes und begründbares Nachden-ken über das verstörende und furcherregende Ende des menschlichen Daseins hinaus.

Das Leid Trauernder anzuerkennen und zu lindern, zählt nach den Überlieferungen der Autorinnen und Autoren des Neuen Testaments zu den zentralen Anliegen Jesu von Nazareth. Der Evangelist Matthäus berichtet, wie Jesus sich in der Bergpredigt ausdrücklich an die Trauernden wendet und ihnen Trost zuspricht: »Selig sind die Trauernden, sie werden getröstet werden« (Mt 5,4). Die Tröstung Trauernder wird auch an anderen Stellen des Neuen Testaments für das künftige Reich Gottes zugesagt: »Und Gott wird abwischen alle Tränen von ihren Augen, und der Tod wird nicht mehr sein, noch Trauer noch Geschrei noch Schmerz wird mehr sein; denn das Erste ist vergangen« (Offb 21,4). Der Apostel Paulus beschreibt in den prominenten Versen des ersten Korintherbriefs jene hoffnungsfrohe Macht, die den Tod zu überwinden vermag: »Die Liebe höret nimmer auf!« (1. Kor 13,8) Das Einzigartige der überlieferten Botschaft Jesu war nicht dessen fortschrittliche und couragierte Ethik, es war vor allem das von den biblischen Autoren tradierte geheimnisvolle, tröstliche und hoffnungsfrohe Geschehen der Auferstehung.

Begleitung und Seelsorge sind zentrale Anliegen im Judentum, Christentum und Islam, auch wenn Bezeichnungen und Begriffe für Zuwendung und Engagement sich teilweise unterscheiden mögen. Rituale, Symbolhandlungen, das Angebot spiritueller Erkenntnisprozesse bieten Halt, wenn dem Menschen der Boden unter den Füßen verloren geht. Verse und Erzählungen aus Tanach, Bibel und Koran wissen von Trost und Hoffnung im Angesicht tiefster Verzweiflung.

Religionslehrende, die im evangelischen Kontext vielfach Pfarrerinnen und Pfarrer sind, bringen sich seelsorglich ein und werden regelmäßig angefragt, ereignen sich existenzielle Krisen in der Schule. In noch viel zu wenigen Schulen sind Schulseelsorgerinnen und -seelsorger aktiv, die neben Schulsozialarbeiterinnen und -arbeitern in Krisensituationen begleiten. Darüber hinaus verfügen Schulen je nach Bundesland heutzutage vielfach über Notfallpläne, die Handlungsmöglichkeiten auch angesichts von Sterben, Tod und Trauer eröffnen.

Auszubildende können ihre im Religionsunterricht erworbenen Kompetenzen in den beruflichen Alltag in Betrieben, Organisationen und Unternehmen einbringen. Sie haben eine bedeutsame Schlüsselfunktion und bereichern die Lebenswelt Arbeit durch die in der Lebenswelt Schule erworbenen Kenntnisse.

Erwerben Menschen frühzeitig Kompetenzen über die Phänomene Sterben, Tod und Trauer und lernen sie darüber hinaus hoffnungsvolle Bilder und Metaphern kennen, wirkt sich das positiv auf den Trauerverlauf aus. Eben aus diesem Grunde wird in den Handlungsempfehlungen im Rahmen einer Nationalen Strategie zur Umsetzung der »Charta zur Betreuung schwerstkranker und sterbender Menschen in Deutschland« neben der Forderung nach strukturellen Verbesserungen im Bereich der Versorgung explizit ein umfassender Bildungsauftrag formuliert.[3] Trauerforscherinnen und -forscher sind sich einig: Prophylaxe ist möglich!

Autorinnen und Autoren

Das komplexe Phänomen der Trauer erfordert konzertierte Anstrengungen möglichst vielfältiger Partnerinnen und Partner. Dieses Unterrichtsmaterial verdankt sich dem Engagement und der Expertise zahlreicher Personen aus unterschiedlichen Arbeitsfeldern. *Barbara Koch, Geschäftsführerin der Handwerkskammer Koblenz,* brachte die Perspektive der Arbeitswelt ein in zahlreiche Vorbereitungssitzungen und schließlich in ihre Texte. Frau Koch zeichnet verantwortlich für das bundesweit einmalige Projekt »Trauerbegleitung am Arbeitsplatz« der Handwerkskammer Koblenz. Nunmehr im zehnten Jahr engagiert sie sich ehrenamtlich für dieses Angebot, das nicht nur von Mitgliedern der Handwerkskammer Koblenz in Anspruch genommen wird. Frau Koch und ihr Projektteam bohren dicke Bretter, um die Thematik im Kontext der Arbeitswelt voranzubringen. Von ihr und dem Palliativmediziner *Dr. Martin Fuchs* ins Leben gerufen, wurde und wird »Trauerbegleitung am Arbeitsplatz« wissenschaftlich begleitet durch *Dr. Ursula Engelfried-Rave,* langjährige wissenschaftliche Mitarbeiterin am Institut für Soziologie der Universität Koblenz-Landau und nun am »Institut für Politische Wissenschaft und Soziologie« der Universität Bonn tätig. Frau Dr. Engelfried-Rave unterrichtete jahrelang als katholische Religionslehrerin an einer berufsbildenden Schule. Für das vorliegende Unterrichtsmaterial formulierte Engelfried-Rave Erkenntnisse zum Phänomen der Trauer aus soziologischer Perspektive.

Birgit van Elten, Bundesvorsitzende des »Verbands katholischer Religionslehrerinnen und Religionslehrer an Berufsbildenden Schulen« (VKR) und Religionslehrerin an einem Kölner Berufskolleg, arbeitet seit vielen Jahren, auch als Referentin, intensiv zum Thema. *Sabine Lindemeyer* ist Inhaberin der von der Evangelischen Kirche im Rheinland (EKiR) geschaffenen Landespfarrstelle für Schulseelsorge. Im Rahmen ihrer Tätigkeit bildet sie vor allem Lehrerinnen und Lehrer fort, damit diese an ihren Schulen im Trauerfall hilfreich wirken können. Lindemeyer arbeitet seit zwanzig Jahren als Seelsorgerin und Beraterin, z. B. in der Telefonseelsorge, in Psychologischen Beratungsstellen, in der Seelsorge und Beratung in der Citykirche und auf dem Deutschen Evangelischen Kirchentag. Sie lehrte Evangelische Religionslehre an verschiedenen Berufskollegs.

In Schulen wie am Arbeitsplatz kommen Menschen unterschiedlicher Kulturen und Religionen zusammen. Für Begegnungen in Zeiten der Trauer bedarf es generell vor allem ausgeprägter Sensibilität; interkulturelle und interreligiöse Kompetenzen fördern Wertschätzung und Vertrauen. Deren Vermittlung ist im Religionsunterricht an berufsbildenden Schulen seit vielen Jahren ein zentrales Ziel und Anliegen.

Im vorliegenden Material wird die Perspektive muslimischer Vorgesetzter, Mitarbeiterinnen und Mitarbeiter, Kundinnen und Kunden durch die Expertise von *Naciye Kamcili-Yildiz* eingebracht. Frau Kamcili-Yildiz ist als islamische Religionspädagogin an der Universität Paderborn tätig. Zuvor arbeitete sie als Lehrerin. Zu ihren Arbeitsschwerpunkten gehört u. a. das interreligiöse Lernen. Eine jüdische Perspektive bringt *Alexander Grodensky* ein, er ist liberaler Landesrabbiner von Luxemburg, Rabbiner der Jüdischen Liberalen Gemeinde in der Region Kassel und Mitglied der Allgemeinen Rabbinerkonferenz des Zentralrats der Juden in Deutschland K.d.ö.R.

Interreligiöse Perspektive

Angesichts der Sorge, jemanden im Trauerfall zu verletzen, weil man sich unangemessen verhalte oder etwas Unangemessenes sage, formulierte Frau Koch als ein Fazit ihrer jahrelangen Erfahrung mit »Trauerbegleitung am Arbeitsplatz«: »Halten Sie sich vor Augen, dass gar nichts zu sagen oder zu schreiben, immer noch die verletzendste aller Varianten ist.«

Das gilt selbstverständlich auch in interreligiösen und interkulturellen Kontexten, denn hier ist Verunsicherung und Sorge, sich aus möglicher Unkenntnis von kulturellen und religiösen Traditionen und Konventionen unangemessen zu verhalten in der Regel ausgeprägter. Autorinnen und Autor der vorliegenden Publikation waren sich einig, dass Anteilnahme als solche wahrgenommen wird und die Geste zählt!

Die Erfahrungen der Handwerkskammer Koblenz bestätigen, was die an der Publikation mitwirkenden jüdischen, christlichen und muslimischen Theologinnen und Theologen einvernehmlich empfehlen, nämlich einander in aufrichtiger Anteilnahme und möglichst unverkrampft zu begegnen. Begegnungen in Zeiten der Trauer erfordern nicht notwendig umfangreiche interreligiöse Kenntnisse, so bereichernd und hilfreich diese selbstverständlich für die Gemeinschaft sind.

Es ist Autorinnen und Autor bewusst, dass das Spektrum an Religionen und Konfessionen in Schule und Arbeitswelt weitaus vielfältiger ist! Unsere bescheidenen Bemühungen bilden nur einen Bruchteil der Fülle ab; ja, bereits der Vielfalt der Auffassungen innerhalb einer Religion und Konfession kann hier nicht entsprochen werden.

Aufbau des Unterrichtsmaterials

Das vorliegende Unterrichtsmaterial ist in jeder berufsbildenden Schule, unabhängig von deren fachlicher Ausrichtung, und zudem bildungsgangübergreifend einsetzbar.

Jedes Modul präsentiert Bausteine und ermöglicht eine spezifische Auswahl für die jeweilige Lerngruppe, auch wenn nur wenige Unterrichtsstunden zur Verfügung stehen sollten. Es ist ja nicht eben selten der Fall, dass im Religionsunterricht auf Wunsch von Auszubildenden »außer der Reihe« und ad hoc auf Erfahrungen am Ausbildungsplatz reagiert wird. Das Material ermöglicht der Lehrkraft, auch in Abstimmung mit der Lerngruppe, Bausteine einzelner Kapitel auszuwählen und bedarfsgerecht zu kombinieren.

Die Fragestellungen wurden nicht für unterschiedliche Niveaustufen formuliert. Kolleginnen und Kollegen werden, wo erforderlich, problemlos die Vorschläge im Blick auf ihre konkrete Lerngruppe formulieren oder aber die Vielfalt der Module und Impulse für eine Binnendifferenzierung nutzen. Die Aufgabenstellungen ermuntern zu einer Sammlung von Ideen potenzieller Reaktionen und Handlungsmöglichkeiten.

Die Lernenden sollten im Rahmen der formulierten Impulse und Aufgabenstellungen grundsätzlich die Vorzüge der Digitalisierung nutzen und Lösungskompetenz zeigen, indem sie selbsttätig im Internet zu einzelnen Punkten recherchieren.

Ergebnisse der Arbeitsprozesse sind teilweise unmittelbar am Ausbildungsplatz nutzbar. Die Lernarrangements dienen der Sensibilisierung der Lernenden. Sie laden ein, Perspektiven zu wechseln, Gefühle wahr- und ernst zu nehmen, ihnen Ausdruck zu verleihen und

Handlungskompetenz zu entwickeln. Eine existenzielle Krise nicht wegzudrücken, sondern ihr offensiv zu begegnen, löst Probleme, statt diese zu verursachen und bedeutet zweifellos einen Gewinn für alle Beteiligten.

Modul 1

Im *ersten Modul* erfolgt eine *Sensibilisierung* für die Thematik. Vor Beginn der inhaltlichen Arbeit sollten in der Lerngruppe grundsätzlich Verabredungen zur Zusammenarbeit getroffen werden. Die Teilnehmenden – Lehrende und Lernende gleichermaßen – nähern sich dem Thema zunächst selbstreflexiv. Aus soziologischer Perspektive präsentiert Frau Dr. Engelfried-Rave wesentliche Aspekte und Modelle von Trauer und reflektiert Möglichkeiten einer lebenshasen- und krisenorientierten Personalpolitik.

Modul 2

Dieses Modul bietet zahlreiche *Lernsituationen aus unterschiedlichen Arbeitsfeldern*. Die anonymisierten Fallbeispiele bilden einen Bruchteil der Fälle ab, denen sich die Geschäftsführerin und Personalleiterin der Handwerkskammer Koblenz mit Unterstützung der Projektgruppe »Trauerbegleitung am Arbeitsplatz« im Laufe eines knappen Jahrzehnts widmete. Frau Koch formulierte Einstiegsszenarien und Impulse der Weiterarbeit. Vielfalt und Unterschiedlichkeit der Situationen konkretisieren, auf welch mannigfache Weise existenzielle Verlusterfahrungen und ihre Folgen Einfluss nehmen auf den Alltag in Betrieben und Unternehmen. Die Lernarrangements laden ein, mithilfe unterschiedlicher Lern- und Arbeitstechniken die Situationen zu reflektieren.

Das Besondere der von Frau Koch konzipierten Impulse und Fragestellungen ist, dass sie unmittelbar aus Perspektive des Arbeitsalltags in Unternehmen formuliert sind. Dies setzt umfassende Kenntnisse betrieblicher Abläufe und Erfordernisse voraus. Auszubildende haben hier Lehrenden in der Regel etwas voraus. Im Kontext von Trauer auch Fragestellungen zu betrieblichen und unternehmerischen Erfordernissen zu bedenken, erdet den Berufsschulreligionsunterricht. *Birgit van Elten* formuliert abschließend drei Lernarrangements und Möglichkeiten der Weiterarbeit, die im berufsschulischen Kontext häufig vorkommen.

Die Lernsituationen verdeutlichen die Notwendigkeit einer umfassenden Handlungskompetenz im Trauerfall. Zweifellos ist es von Vorteil, wenn ein Unternehmen entsprechende Konzepte entwickelt und einen sensiblen und verantwortungsvollen Umgang mit Trauerfällen zu einem Ziel von Unternehmenskultur und Gesundheitsmanagement erklärt. Präventive Maßnahmen und Strukturen entlasten im Ernstfall erheblich. Das Ausmaß emotionaler Reaktionen im Team – ob im Handwerksbetrieb oder in der Schule – wird häufig unterschätzt, sie erschweren in akuten Situationen notwendiges Handeln.

Modul 3

Das *dritte Modul* widmet sich *Aspekten der Begegnung in Zeiten der Trauer* – und zwar aus einer jüdischen, einer christlichen und einer islamischen Perspektive. Im Zentrum steht hier neben der Darstellung grundsätzlicher Überlegungen zunächst die Frage nach dem Leiden und nach Gott, der unermessliches Leiden in dieser Welt nicht verhindert. Auch die zentrale Frage, was nach dem Tod geschieht, wird aus Perspektive der drei Religionen reflektiert. An dieser Stelle kann lediglich ein Fenster geöffnet werden. Eingehender befasst sich mit der wesentlichen Fragestellung der Band »Jenseitsvorstellungen in Judentum, Christentum und Islam« in der vorliegenden Reihe »RU Praktisch – Berufliche Schulen«.[4]

Modul 4

Das *vierte Modul* präsentiert eine Auswahl berufsübergreifender Handlungsoptionen. Die Verunsicherung im Umgang mit Trauernden ist häufig groß. Da am Arbeitsplatz dienstliche Aktivitäten im Zentrum stehen, fällt es besonders schwer, einen trauernden Menschen anzusprechen, schließlich gehören Trauer und ihre Ursachen in den Bereich von Privatsphäre und Intimität. In der Regel ist nicht etwa Gleichgültigkeit der Grund, wenn Vorgesetzte, Kolleginnen und Kollegen Trauernde nicht ansprechen oder ihnen vielleicht sogar aus dem Weg gehen. Tatsächlich ist es vielmehr die Sorge, das Falsche zu sagen oder zu tun und den trauernden Kollegen zu verletzen. Trauernde Menschen jedoch belastet am Arbeitsplatz in erster Linie das Nicht-Kommunizieren von Kolleginnen, Kollegen und Vorgesetzten.[5]

Das vorliegende Kapitel beschreibt Wege und Modelle, um miteinander ins Gespräch zu kommen, Anteilnahme zu zeigen, gemeinsam zu gedenken. Manche der vorgestellten Elemente lassen sich prophylaktisch ohne große Mühen als Bestandteile einer Trauerkultur in Betriebe und Unternehmen implementieren; selbstverständlich auch in Schule, wo dies nicht bereits der Fall sein sollte.

Die vorgestellten Formate, sei es z.B. ein sensibles Gespräch, ein Trauerkoffer, eine Beileidskarte, ein Besuch bei Angehörigen oder eine Trauerfeier in Betrieb oder Schule, lassen sich stets individuell gestalten und auf die Bedürfnisse der Belegschaften oder Schulklassen bzw. Betroffener und Angehöriger zuschneiden. Eine jüdische und islamische Perspektive bereichert das Spektrum an Reaktionsmöglichkeiten. Selbstverständlich, auch wenn es nicht jedes Mal explizit formuliert wird, sind hier auch grundsätzlich Angebote für religions- und konfessionsfreie Menschen in den Blick genommen bzw. eröffnet das Material Möglichkeiten, sich auch auf diese Perspektive zu konzentrieren.

Neben »Formen digitalisierter Trauer« werden abschließend Adressen überregionaler Hilfsangebote dokumentiert. Letztere sind umso wichtiger, da wesentliche Aspekte, wie z.B. Handlungsoptionen bei Suiziden, den Rahmen des vorliegenden Materials überfordert hätten.

Autorinnen und Autor sind sich bewusst, dass Vieles unberücksichtigt blieb. Je mehr Material wir aus unterschiedlichen Perspektiven zusammentrugen, desto deutlicher wurde, was darüber hinaus noch hätte dringend dargestellt werden müssen! Dieses interdisziplinär und interreligiös angelegte Material zur »Trauer am Arbeitsplatz« stellt lediglich einen ersten Aufschlag, einen Anfang dar, auf den hoffentlich weitere Darstellungen folgen werden.

Monika Marose

Ein Hinweis zum Schluss: Bezeichnungen, die auf Personen bezogen sind, meinen stets sämtliche Geschlechter.

1 Vgl. Thelen, P. (2017): Fehlzeiten in Unternehmen. Firmen sollen Mitarbeitern in Lebenskrisen helfen. Psychische Erkrankungen führen zu langwierigen Arbeitsausfällen. Handelsblatt 14.09.17, S. 1–14: http://www.handelsblatt.com/technik/medizin/fehlzeiten-in-unternehmen-firmen-sollen-mitarbeitern-in-lebenskrisen-helfen/20326502.html (Zugriff 19.02.2018).

2 https://www.bundesgesundheitsministerium.de/…/praeventionsgesetz.html (Zugriff 12.03.2019).

3 Deutsche Gesellschaft für Palliativmedizin e. V., Deutscher Hospiz- und PalliativVerband e. V., Bundesärztekammer (Hg.) (2016). Charta zur Betreuung schwerstkranker und sterbender Menschen in Deutschland: https://www.dgpalliativmedizin.de/images/stories/Charta-08–09–2010 %20Erste%20Auflage.pdf (Zugriff 19.02.2019).

4 Marose, M., Verzhbovska, N., El Baghdadi, E., Fay, K., Noden, N. (2017): Jenseitsvorstellungen in Judentum, Christentum und Islam. Unterrichtsbausteine für berufsbildende Schulen. Göttingen.

5 Dies war Ergebnis einer empirischen Studie des »Instituts für Soziologie« der Universität Koblenz-Landau, durchgeführt im Jahr 2016/17 von Ursula Engelfried-Rave. Die Ergebnisse wurden noch nicht publiziert.

1 Sensibilisierung

von

Ursula Engelfried-Rave

Birgit van Elten

Monika Marose

M 1.1 Zu Beginn einige Fragen

Hinweis für Lehrende: Vor Beginn der Unterrichtseinheit ermitteln Sie mithilfe dieses Fragebogens Ängste und Erwartungen Ihrer Schülerinnen und Schüler. Es ist außerdem wesentlich, dass Sie informiert sind, welche Vorerfahrungen in der Lerngruppe präsent sind und wie lange diese zurückliegen.

© rawpixel/pixabay

Bitte füllen Sie vor Beginn der Unterrichtsreihe folgenden Fragebogen aus. Dieser Fragebogen ist anonym. Die Ergebnisse werden unbedingt vertraulich behandelt.

Haben Sie vielen Dank für Ihre Bereitschaft und Ihr Vertrauen, den Fragebogen auszufüllen!

1. Haben Sie Interesse an einer Unterrichtsreihe zum Thema »Trauer am Arbeitsplatz«?

☐ Sehr großes Interesse – ☐ Interesse – ☐ weiß nicht – ☐ wenig Interesse – ☐ gar kein Interesse

2. Sind Sie daran interessiert, zu folgenden Themen zu arbeiten?

► Kennenlernen von Trauerprozessen
☐ Sehr großes Interesse – ☐ Interesse – ☐ weiß nicht – ☐ wenig Interesse – ☐ gar kein Interesse

► Reflexion von Möglichkeiten, trauernden Kolleg*innen und Vorgesetzten zu begegnen
☐ Sehr großes Interesse – ☐ Interesse – ☐ weiß nicht – ☐ wenig Interesse – ☐ gar kein Interesse

► Formen der Anteilnahme und des Gedenkens
☐ Sehr großes Interesse – ☐ Interesse – ☐ weiß nicht – ☐ wenig Interesse – ☐ gar kein Interesse

► Religiös geprägte Formen der Anteilnahme und des Gedenkens
☐ Sehr großes Interesse – ☐ Interesse – ☐ weiß nicht – ☐ wenig Interesse – ☐ gar kein Interesse

► Die Frage nach dem Leid (Theodizee)
☐ Sehr großes Interesse – ☐ Interesse – ☐ weiß nicht – ☐ wenig Interesse – ☐ gar kein Interesse

► Jüdische Vorstellungen, Rituale und Bräuche kennenlernen
☐ Sehr großes Interesse – ☐ Interesse – ☐ weiß nicht – ☐ wenig Interesse – ☐ gar kein Interesse

► Christliche Vorstellungen, Rituale und Bräuche kennenlernen
☐ Sehr großes Interesse – ☐ Interesse – ☐ weiß nicht – ☐ wenig Interesse – ☐ gar kein Interesse

► Islamische Vorstellungen, Rituale und Bräuche kennenlernen
☐ Sehr großes Interesse – ☐ Interesse – ☐ weiß nicht – ☐ wenig Interesse – ☐ gar kein Interesse

► Was kommt nach dem Tod? – Beschäftigung mit Jenseitsvorstellungen in Judentum, Christentum und Islam
☐ Sehr großes Interesse – ☐ Interesse – ☐ weiß nicht – ☐ wenig Interesse – ☐ gar kein Interesse

3. Trauer beginnt häufig bereits im Moment der Diagnose einer schweren Erkrankung oder auch anlässlich einer gravierenden Veränderung im Leben. Haben Sie persönlich bereits Erfahrungen mit Trauer und Tod machen müssen?

☐ Ja   ☐ Nein

Wenn ja, bitte nennen Sie das Ereignis (z. B. Krankheit/ Tod der Eltern, Großeltern, Geschwister, der Freundin, des Freundes, von Haustieren oder auch, z. B. einen Umzug, Schul- oder Arbeitsplatzwechsel, der Sie traurig machte).

_____

Wann war das?

_____

4. Haben Sie sich schon einmal mit den Themen »Tod und Trauer« auseinandergesetzt?

☐ Ja   ☐ Nein

Wenn ja, wo? Schulisch oder privat?

_____

5. Haben Sie die Themen »Sterben, Tod und Trauer« schon einmal im Kontext der Arbeitswelt reflektiert?

☐ Ja   ☐ Nein

Wenn ja, wo?

_____

6. Haben Sie Befürchtungen angesichts der Behandlung dieser existenziellen Themen?

☐ Ja   ☐ Nein

Wenn ja, welche?

_____

7. Was wünschen Sie sich von einer Unterrichtsreihe zum Thema »Tod und Trauer in der Arbeitswelt«?

_____

_____

Noch einige Angaben zu Ihrer Person:

Ich bin: ☐ weiblich   ☐ männlich   ☐ divers

Ich gehöre folgender Religion bzw. Konfession an (bitte eintragen oder ankreuzen)

Ich bin
☐   ☐ religionsfrei

☐ agnostisch (Weltanschauung, dass der Mensch keine Aussage dazu machen kann, ob Gott existiert)

☐ atheistisch (ich lehne den Glauben an Gottheiten ab)

Fragebogen frei nach: Nolden N., Fay K. (2013): Zentrum für Palliativmedizin der Uni-Klinik Köln. Schulformübergreifendes Schulprojekt.

© Ursula Engelfried-Rave: Schweigerose »sub rosa«
(Kloster Schöntal/Hohenlohe)

Die Abbildung zeigt eine »Schweigerose«. In der Antike war die Rose ein Symbol für Verschwiegenheit und Liebe. Eine stilisierte Rose findet sich daher häufig an Wänden und Decken von Rittersälen, in Klöstern, Beichtstühlen oder Sitzungssälen. Die Rose symbolisiert das Versprechen, dass das gesprochene Wort nicht den Raum verlässt.

Es ist sehr wichtig, dass jede und jeder sich darauf verlassen kann, dass folgende Regeln in unserer Gruppe gelten: 10

Alles Gesagte bleibt in diesem Raum. Jede und jeder unterliegt einer Schweigepflicht.

Niemand wird unterbrochen. Wer etwas sagen möchte, erhält die Zeit, die sie oder er benötigt.

Jede und jeder sagt nur so viel, wie die- oder derjenige mitteilen möchte. 15

Es ist keineswegs beabsichtigt, aber kommt es doch einmal zu Gefühlsäußerungen (Wut, Tränen etc.), sollten diese nicht unterdrückt werden.

Aussagen und Gefühlsäußerungen werden von anderen nicht bewertet. Ratschläge sollten unterbleiben. 20

Jede und jeder ist für sich selbst verantwortlich.

Es wird, wenn möglich, in der Ich-Form gesprochen.

Niemand redet über andere.

Wenn jemand zwischendurch hinausgehen möchte, so ist das ohne weitere Erklärung möglich. Gerne kann eine Vertrauensperson als Begleitung mitgehen. 25

Es ist selbstverständlich, soll aber dennoch einmal deutlich verabredet werden: Wir beginnen und schließen den Unterricht gemeinsam. 30

Was ist Ihnen noch wichtig?

_____

_____

_____

Diese Regeln dienen der Wertschätzung und dem Respekt untereinander und können situativ verändert werden.

Frei nach: Marose, M. Verzhbovska, N., El Baghdadi, E., Fay, K., Nolden, N. (2017): Jenseitsvorstellungen in Judentum, Christentum und Islam. Unterrichtsbausteine für berufsbildende Schulen. Göttingen, S. 11.

© Free-Photos/pixabay

Wenn ein Mensch stirbt

Der Schriftsteller Karl Ove Knausgård beschreibt in seinem 2013 erschienenen Roman mit dem Titel »Sterben«, was nach dem letzten Atemzug im Körper eines Menschen geschieht:

5 *Für das Herz ist es einfach: Es schlägt, solange es kann. Dann stoppt es. Früher oder später, an dem einen oder anderen Tag, hört seine stampfende Bewegung ganz von alleine auf, und das Blut fließt zum niedrigsten Punkt des Körpers, wo es sich in einer kleinen Lache sam-*
10 *melt, von außen sichtbar als dunkle und feuchte Fläche unter der beständig weißer werdenden Haut, wäh-*
rend die Temperatur sinkt, die Glieder erstarren und die Gedärme sich entleeren. Diese Veränderungen der ersten Stunden geschehen so langsam und werden mit solcher Sicherheit vollzogen, dass ihnen fast etwas Ri- 15 *tuelles innewohnt, als kapituliere das Leben festen Regeln folgend, in einer Art* gentlemen's agreement, *an das sich auch die Repräsentanten des Todes halten, indem sie stets abwarten, bis sich das Leben zurückgezogen hat, ehe sie ihre Invasion der neuen Landschaft be-* 20 *ginnen. Dann jedoch ist es unwiderruflich. Die riesigen Bakterienschwärme, die sich im Inneren des Körpers ausbreiten, hält nichts mehr auf. Hätten sie es nur ein paar Stunden früher versucht, wären sie augenblicklich*

25 *auf Widerstand gestoßen, doch nun ist ringsum alles*
still, und sie dringen fortwährend tiefer in das Feuch-
te und Dunkle vor. [...] Sie erreichen die Haverschen
Kanäle, die Lieberkühnschen Drüsen, die Langerhans-
schen Inseln. Sie erreichen die Bowmann-Kapseln in
30 *der Niere, die Stilling-Clarkes'sche Säule im Spinalis*
[...] Und sie erreichen das Herz. Noch ist es intakt; aber
der Bewegung beraubt, auf die seine gesamte Konstruk-
tion abzielt, wirkt es eigentümlich verlassen, wie eine
Fabrikanlage [...] die von den Arbeitern in Windeseile
35 *geräumt werden musste [...].*

Knausgård, K. O. (2013): Sterben. Gütersloh, S. 7 f.

Der Prozess, den Knausgård hier beschreibt, geschieht
mitunter von jetzt auf gleich, ohne jede Ankündigung
oder Vorwarnung. Weder unsere Sinne noch unser
Gehirn sind so beschaffen, dass wir begreifen könn-
40 ten, welche Veränderung sich letztlich vollzieht, wenn
jemand verstirbt.

Es ist eine anthropologische Konstante, dass ein
Mensch mit dem Beginn seiner Existenz in einen Prozess der Veränderung tritt. Nichts bleibt, wie es ist. Auf
Veränderung reagiert die Spezies Mensch mit *Trauer*. 45
Trauer ist Folge und Ausdruck eines natürlichen Pro-
zesses, so naturgegeben, wie dem Ein- das Ausatmen
folgt. Auch der Glaube an die jenseitige Wirklichkeit
Gottes und die Geborgenheit des Verstorbenen in dieser Wirklichkeit kann den Schmerz des Verlustes nur 50
bedingt lindern.

Auch Jesus von Nazareth kannte den Schmerz der
Trauer. Der Evangelist Johannes berichtet, wie dieser
auf dem Weg zum Leichnam seines Freundes Lazarus
die Verzweiflung der Angehörigen wahrnimmt. Jesus 55
wird den Verstorbenen ins Leben zurückholen. Doch
bevor das geschieht, berichtet Johannes lakonisch im
kürzesten Satz der Bibel: »Jesus weinte« (Joh 11,35).

In dem Roman »Sterben« beschreibt Knausgård, was im Körper eines Menschen geschieht, wenn diesen das
Leben verlässt.

1. Geben Sie wieder, welche Bilder und Metaphern der Autor verwendet, um das Ereignis zu beschreiben.
2. Recherchieren Sie medizinische Definitionen, ab wann ein Mensch für tot erklärt werden kann.
3. Trauer ist eine natürliche Reaktion menschlicher Psyche und Physis auf Veränderungen. Überlegen Sie,
   auf welche Weise Trauer sich bemerkbar machen kann. Arbeiten Sie in Kleingruppen und erstellen Sie eine
   Mindmap, welche Ihre Gedanken sammelt und ordnet.

© anaterate/pixabay

Trauer wird häufig als Privatsache bezeichnet. Und doch lässt sie sich am Arbeitsplatz nicht einfach abschalten.

1. Erinnern Sie sich, wann Sie zum ersten Mal mit den Phänomenen Sterben, Tod und Trauer konfrontiert wurden? Erinnern Sie sich an Ihre Vorstellungen von damals? Hatten Sie jemanden, mit dem Sie über die Ereignisse sprechen wollten bzw. konnten?
2. Mit wem können Sie heute über die Themen »Sterben, Tod und Trauer« sprechen?
3. Haben Sie am Arbeitsplatz die Erfahrung gemacht, dass Mitarbeiter, Vorgesetzte oder Kunden trauerten? Wenn ja, schildern Sie, was Sie wahrgenommen haben.
4. Auf welche Weise reagierten Sie angesichts der Trauer eines Mitarbeiters, Vorgesetzten oder Kunden? Haben Sie sich im Nachhinein gewünscht, anders reagiert zu haben?
5. Auf welche Weise reagierten Kolleginnen und Vorgesetzte – kurz- und langfristig?
6. Existieren an Ihrem Ausbildungs- bzw. Arbeitsplatz Strukturen für die Unterstützung von Menschen in Trauersituationen?
7. Wenn Sie die Macht hätten, Einfluss zu nehmen auf die innerbetrieblichen Abläufe und Strukturen, was wäre Ihnen wichtig im Umgang mit Trauernden? Überlegen Sie drei Punkte.

Einladung zum Gedankenaustausch
Think – Pair – Share
Überlegen Sie zunächst für sich, dann mit Ihrem Sitznachbarn/Ihrer Sitznachbarin, anschließend in der Arbeitsgruppe. Reflektieren Sie abschließend im Plenum.

M 1.5 Facetten der Trauer

Edvard Munch: Der Todesaugenblick (1893)

Trauer ist eine existenzielle Erfahrung, die jeder Mensch im Laufe seines Lebens macht. Dabei wird nicht nur der Tod eines geliebten Menschen betrauert; Trauer zeigt sich auch im Verlust der Heimat, die Menschen
5 als Folge von Kriegen, Katastrophen und wirtschaftlicher Not trifft. Auf ideeller Ebene kann das Zusammenbrechen von Weltanschauungen und Religionen Trauer auslösen. Aber auch der Verlust des Arbeitsplatzes, das Scheitern einer Beziehung, der Verlust eines bedeu-
10 tungsvollen Gegenstandes, an dem beispielsweise Erinnerungen hängen, oder der Tod eines Haustieres, das zur Familie gehörte, sind Anlässe zum Trauern.

All diese Verluste hinterlassen Spuren, die sich körperlich, im Denken und Handeln, in Gefühlen und im
15 Verhalten zeigen. Besonders für Trauernde, die einen geliebten Menschen verloren haben, ist das Begreifen dieses Verlustes und die Orientierung im Alltag ohne diesen Menschen eine belastende und schmerz

volle Aufgabe, die auch das Verständnis und die Unterstützung durch das sozialen Umfel- 20 des erfordert.

Da Menschen heute häufig mehr Zeit an ihrer Arbeitsstelle als in der Familie oder im Freundeskreis verbringen, ist Trauer auch eine Herausforderung für Unternehmen und Or- 25 ganisationen.

Geht man der Herkunft des Wortes Trauer nach, wird man vom Duden auf das gotische Wort »driusan« verwiesen, das mit »fallen«, aber auch »sinken, matt und kraftlos werden« 30 übersetzt werden kann. Diese Wortbedeutungen beziehen sich auf die Körpersprache, denn Trauer ist in der Mimik, in Gesten und der Körperhaltung erkennbar. Trauer drückt sich aber auch in Gefühlen wie Verzweiflung, Wut, 35 Hilflosigkeit, Schuld und Apathie aus. Wenn Trauernde weinen, ist das für Außenstehende häufig irritierend und die daraus resultierende Unsicherheit bewirkt, dass sich Trauernde aus der Gemeinschaft zurückziehen. 40

Trauer ist keine Krankheit, sondern eine ganz natürliche Reaktion auf einen Verlust. Begleitet wird Trauer jedoch oft von gesundheitlichen Problemen. So klagen Trauernde über Schlafprobleme, Kopfschmerzen, Appetitlosigkeit, Rückenprobleme und bei 45 einigen nehmen der Alkohol- und Nikotinkonsum zu. Auch Konzentrationsprobleme können sich bemerkbar machen. Allerdings sollte man auch den Einfluss von Ressourcen (z. B. Hobbies, Freunde, Sport), die sich positiv auf die Bewältigung von Trauer auswirken, 50 nicht außer Acht lassen. Ein verständnisvolles Miteinander am Arbeitsplatz und im Freundeskreis sowie die Aktivierung von Ressourcen helfen, Trauer so zu bewältigen, dass Trauernde den Verlust in ihren Alltag integrieren können oder – anders gesprochen –, 55 dass sie mit dem Verlust leben können.

1. Erstellen Sie eine Mind-Map zu den Facetten der Trauer. Deckt der Text alle Facetten von Trauer ab? Wenn Ihrer Ansicht nach Facetten fehlen, ergänzen Sie diese.
2. Welche Ressourcen haben Sie, um krisenhafte Verlust-Ereignisse zu bewältigen?
3. Formulieren Sie Ihre ganz persönliche Auffassung von Trauer.

© 2020, Vandenhoeck & Ruprecht GmbH & Co. KG, Theaterstraße 13, 37073 Göttingen

Sigmund Freud (1856–1939; Neurologe, Psychologe, Begründer der Psychoanalyse) hat in seiner Schrift »Trauer und Melancholie« eines der ersten Trauermodelle entwickelt. Er bezeichnet Trauer als Arbeit,
5 was indirekt auf den prozesshaften Charakter von Trauer verweist. Freud deutet auch Phasen der Trauer an, indem er davon spricht, dass zunächst der Verlust realisiert werden muss, dann eine Phase der Lösung der Bindungen zum Verstorbenen erfolgen sollte, um
10 neue Bindungen eingehen zu können. Kritisiert wird an Freuds Modell, dass der Erinnerungskultur, die das Andenken an die Verstorbenen pflegt, keine Bedeutung eingeräumt wird.

Bekannt sind Trauermodelle nach *Elisabeth Kübler-*
15 *Ross* (1971), *Yorick Spiegel* (1972), *John Bowlby* (1980) und *Verena Kast* (1982). Diese Phasenmodelle sind als Erklärungsversuche zu verstehen, mittels derer die Gefühle und die Art und Weise der Verarbeitung von Trauer gedeutet und systematisiert werden kön-
20 nen. Doch besteht die Gefahr, dass diese Modelle zu

© WaldNob/pixabay

statisch interpretiert werden und das Verhalten der Trauernden ausschließlich nach dem Verlauf von Phasen beurteilt wird. Den Trauernden wird aus dieser Perspektive eher eine passive Rolle in der Bewältigung
25 der Trauer zugewiesen. Die Bewältigung von Trauer ist jedoch sowohl vom trauernden Individuum als auch von den äußeren Faktoren wie dem sozialen Umfeld, der Kultur und der ökonomischen Situation der Hinterbliebenen abhängig. Das Modell der Traueraufga-
30 ben und das Duale Prozessmodell der Bewältigung von Trauer versuchen diese Defizite zu beheben.

Modell der Traueraufgaben
Der US-amerikanische Arzt und Trauerforscher *William J. Worden* (1991) übernimmt den Begriff der Trauerarbeit und betont die aktive Rolle der Trauernden im Bewältigungsprozess. Die Trauerarbeit be- 35 steht nach Worden aus vier Aufgaben:

Aufgabe 1: Den Verlust als Realität akzeptieren
Aufgabe 2: Den Schmerz verarbeiten
Aufgabe 3: Sich an eine Welt ohne die verstorbene Person anpassen
Aufgabe 4: Eine dauerhafte Verbindung zu der verstorbenen Person inmitten des Aufbruchs in ein neues Leben finden

Worden versteht sein Modell als Entwicklungsprozess, der durch die Bewältigung der vier Aufgaben gefördert wird. Die Grundvoraussetzung der Trauerarbeit ist die Akzeptanz des Verlustes. Die nachfolgenden Aufgaben 40 dagegen müssen nicht unbedingt chronologisch ablaufen. Das Gelingen der Anpassungsprozesse ist bei Trauernden unterschiedlich. Die Traueraufgaben sind nach Worden aufgrund ihrer emotionalen und kognitiven Anforderungen »echte Trauerarbeit«. 45

Das duale Prozessmodell der Bewältigung von Verlusterfahrungen (DPM)
Die niederländischen Trauerforscher *Margaret Stroebe* und *Henk Shut* beschäftigen sich seit den 1990er Jahren mit der Frage: »Wie bewältigen Menschen den Verlust einer nahestehenden Person?« Zudem ist es ihr Anliegen, Erkenntnisse darüber zu gewinnen, warum 50 einige Menschen besser mit Verlusten zurechtkommen als andere und ob es Anzeichen gibt, schwierige Trauerverläufe schon frühzeitig zu erkennen.

Ihre umfassenden Studien über Trauerkonzepte stellen vor allem den Begriff der Trauerarbeit infrage. 55 Ein Vergleich des Trauerverhaltens in verschiedenen Kulturen zeigt, dass die beabsichtigte Hinwendung der Gedanken und Gefühle nicht zwingend notwendig ist, um die Trauer zu bewältigen. Entgegen der Auffassung der Phasenmodelle, dass Trauer passiv verläuft, wird 60 deutlich, dass Trauernde durchaus Wege finden, mit

ihrer Trauer konstruktiv umzugehen. Weiter zeigen verschiedene Studien, dass Trauernde auf Distanz zur sogenannten Trauerarbeit gehen und sich Möglich-
65 keiten der Ablenkung schaffen. Die Vermeidung der fortwährenden Konfrontation mit dem Verlust eines nahestehenden Menschen wird von den beiden Forschern positiv gesehen und verweist nach deren Deutung auf die Fähigkeit von Trauernden, selbst entschei-
70 den zu können, in welcher Situation Trauergefühle zugelassen werden. Weiter ist es für Margaret Stroebe und Henk Shut zu einseitig, wenn allein die Trauer als Stressfaktor (Stressor) angesehen wird. Es gibt auch Stressfaktoren (Stressoren) wie eine prekäre finanziel-
75 le Situation, Erbstreitigkeiten oder Überforderungen am Arbeitsplatz, die den Prozess der Trauerbewältigung erschweren.

Auf der Grundlage dieser Erkenntnisse entwickelten Margaret Stroebe und Henk Shut das sogenannte
80 Duale Prozessmodell der Trauerbewältigung (DPM).

Margaret Stroebe und Henk Shut gehen von zwei Stressoren aus, die in Konkurrenz zueinander stehen und deren Bewältigung nicht gleichzeitig erfolgen kann. Sie unterscheiden verlustbezogene Stressoren
85 und wiederherstellungsbezogene Stressoren. Erstere zeigen sich in Auseinandersetzungen mit dem Verlust zum Beispiel in Form von Erinnerungen, Gedanken an oder Gefühlen für die Verstorbenen. Die wiederherstellungsbezogenen Stressoren entstehen eher aus den Folgen des Verlustes. Das kann zum Beispiel die
90 Sorge einer verwitweten Person um die Erziehung und Versorgung der heranwachsenden Kinder sein. Auch Überforderungen am Arbeitsplatz aufgrund trauerbedingter Konzentrationsstörungen können diese Stressoren auslösen. Je nach Situation entwickeln
95 Trauernde emotions- und problembezogene Bewältigungsstrategien, um mit den Belastungen umzugehen. Für eine gelungene Verlustbewältigung ist das Pendeln oder Oszillieren zwischen den verlust- und wiederherstellungsbezogenen Stressoren gegeben, da
100 sich Trauernde entweder auf die Gefühlsarbeit oder die Organisation des Lebens nach dem Verlust konzentrieren können. Für trauernde Menschen gleicht dieses Pendeln oder Oszillieren einer Achterbahnfahrt. Es kommt im Trauerprozess immer wieder darauf an,
105 die innere Balance zu finden; deshalb sind Veränderungen im Erleben von Trauer, also zum Beispiel der Wechsel von moderaten und heftigen Gefühlen, völlig normal.

Frei nach: Stroebe, M./Shut, H. (1999): The dual process model of coping with bereavement: rationale and description. Death Studies, 23 (3), 197–224. Worden, W.J. (2011): Beratung und Therapie in Trauerfällen. Ein Handbuch. Bern.

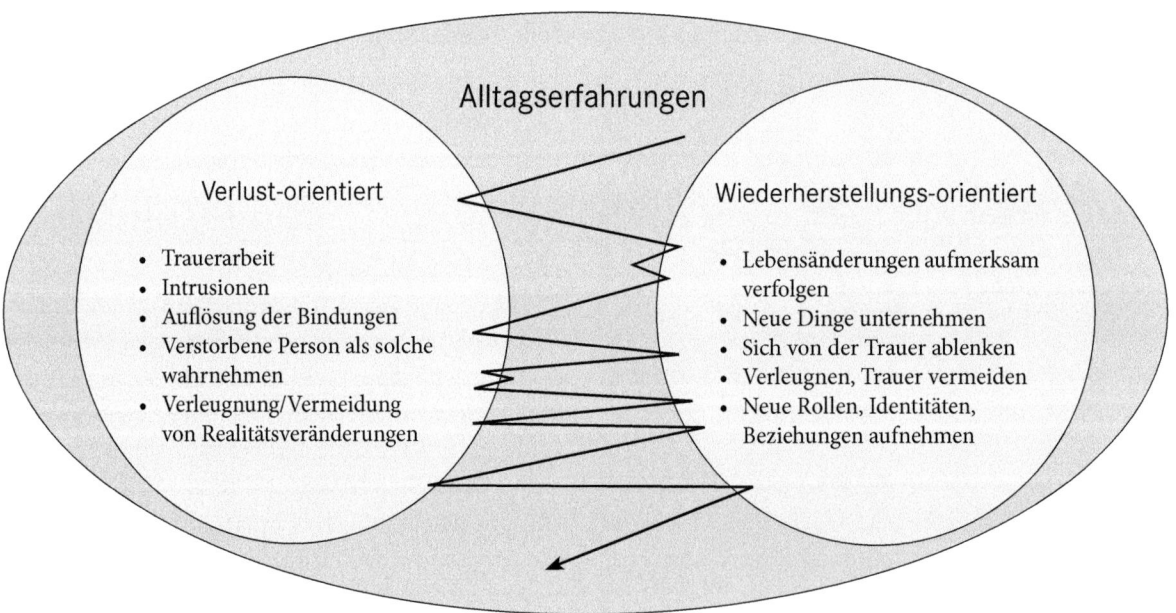

1. Welche Funktion haben Modelle allgemein?
2. Ist es überhaupt sinnvoll, Modelle vom Ablauf der Trauer zu konstruieren?
3. Versuchen Sie das DPM zu veranschaulichen, indem Sie ein Fallbeispiel konzipieren.

Für professionelle und ehrenamtliche Trauerbegleiter und Therapeuten ist es notwendig, die Trauerproblematik ihrer Klientinnen und Klienten und Patientinnen und Patienten einordnen zu können, um einen
5 angemessenen Umgang mit den Betroffenen zu finden. Dazu sind bestimmte Klassifikationen hilfreich. Aber auch für Menschen, die sich der Trauernden am Arbeitsplatz annehmen, ist es wichtig, um die unterschiedlichen Erscheinungsweisen von Trauer zu wis-
10 sen. Nur dann können entsprechende Hilfestellungen gegeben werden.

In medizinischer und psychologischer Fachliteratur wird zwischen normaler und pathologischer oder langanhaltender (prolongierter) Trauer unterschieden. Ak-
15 tuell werden diese Klassifikationen in der Diskussion um die Aufnahme von Trauer in das »Diagnostische und Statistische Manual psychischer Störungen« (DSM-V) der »Amerikanischen psychiatrischen Vereinigung« und der »Internationalen statistischen Klassifikation
20 der Krankheiten und verwandter Gesundheitsprobleme« (ICD 11) der Weltgesundheitsorganisation (WHO) kontrovers besprochen. Im DSM wurde Trauer als Ausschlusskriterium für Depression aufgehoben und könnte schon 14 Tage nach einem Verlust diagnostiziert wer-
25 den. Im ICD 11 ist von anhaltender Trauerstörung die Rede, die als eine dauerhaft bestehende, intensive und beeinträchtigende Reaktion auf einen Verlust beschrieben wird. Die Trauerforscherin *Chris Paul* spricht davon, dass 70–80 % der Trauerfälle »normal« verlaufen.
30 Der Bundesverband für Trauerbegleitung (BVT) hat sich im Hinblick auf die Ausbildung von Trauerbegleiterinnen und -begleitern schon 2010 um eine präzisere und aussagekräftigere Klassifikation von Trauer bemüht. Neben der Dauer der Trauer werden
35 auch Risikofaktoren, Ressourcen und Symptome der Betroffenen berücksichtigt. Es wurde sich auf vier Begriffe geeinigt:
– Nicht-erschwerte Trauer
– Erschwerte Trauer
40 – Komplizierte Trauer
– Traumatische Trauer

Nicht-erschwerte Trauer meint, dass der Trauerprozess nicht durch äußere Umstände behindert wird

© Ursula Engelfried-Rave: Trauer – Klassifizierung – Orientierung

und durch ein stützendes Umfeld sowie die Aktivierung eigener Ressourcen einen für die trauernde Per- 45 son stabilen Ablauf im Hinblick auf Körper, Psyche und Geist nimmt. Der zeitliche Bewältigungsprozess wird auf 13 Monate angesetzt. Trauerbegleiter sollten über die kleine Basisqualifikation für Trauerbegleitung verfügen. 50

Erschwerte Trauer meint, dass 13 Monate nach dem Todeszeitpunkt wenig eigene Ressourcen aktiviert werden konnten und noch viele Symptome wie Schlafstörungen, Infektanfälligkeit, Stimmungsschwankungen, psychische und physische Schmerzen, 55 Missbrauch von Medikamenten, Alkohol und sonstigen Drogen zu beobachten ist. Trauerbegleiter sollten über die große Basisqualifikation verfügen.

Komplizierte Trauer (verlängerte Trauerstörung; anhaltende Trauerstörung) meint, dass nach Ablauf 60 von 13 Monaten nach dem Todeszeitpunkt Symptome wie anhaltende Verzweiflung, nicht nachlassender Schmerz, unerträgliche Sehnsucht nach der verstorbenen Person und totale Freudlosigkeit noch immer vorhanden sind. Trauerbegleiter sollten über die gro- 65 ße Basisqualifikation verfügen und je nach Schwere einen Psychotherapeuten hinzuziehen.

Traumatische Trauer meint eine Behinderung des Trauerprozesses aufgrund traumatischer Erlebnisse und Bilder. Wie bei posttraumatischen Belastungs- 70 störungen lassen sich Symptome wie Flashbacks (blitz artige Erinnerungen an belastende Ereignisse, verbunden mit starken Emotionen und Körperreaktionen), totales Vermeidungs- und Wiederholungsverhalten (zum Beispiel das ständige Aufsuchen oder die extreme Vermeidung bestimmter Orte), Dissoziationen (das Fehlen oder Überwältigtwerden von Gefühlen) und dauerhafte Reizbarkeit und Angespanntheit, die sich zum Beispiel in Aggression oder starkem Misstrauen zeigen, nachweisen. Bei traumatischer Trauer müssen Trauma-Spezialisten herangezogen werden.

1. Welche Vor- und Nachteile hat die Aufnahme von Trauer in den ICD 11 und DSM-V?
2. Informieren Sie sich über den Bundesverband Trauerbegleitung und die dort angebotene Qualifizierung von Trauerbegleitern (www.bv-trauerbegleitung.de).
3. Informieren Sie sich über Posttraumatische Belastungsstörungen im Internet.

In einer Gesellschaft bestehen Normen, Regeln und Werte, die den Alltag eines Menschen bestimmen. Diese dienen grundlegend dazu, dass das gesellschaftliche Leben möglichst reibungslos und ohne permanente
5 Absprachen ablaufen kann. Wenn man in jeder Situation neu definieren müsste, wie sich jeder Beteiligte zu verhalten hat, wäre ein soziales Miteinander nur sehr schwer möglich. So gibt es auch für den Tod und die Trauer bestimmte Verhaltensregeln, an denen
10 Menschen sich orientieren können. Diese Verhaltensregeln verweisen darauf, dass Trauer nicht nur ein individuelles Gefühl oder eine private Angelegenheit, sondern auch in der Öffentlichkeit wirksam ist. So ist es zum Beispiel in unserer Gesellschaft üblich, den
15 Tod einer Person in Traueranzeigen zu veröffentlichen oder Trauernden zu kondolieren. Trauerkleidung ist

traditionell schwarz, heute empfiehlt ein Bestattungsinstitut zumindest angemessene, unauffällige Kleidung. Diese Trauerrituale sind kulturell bedingt und unterscheiden sich von anderen Gesellschaften grund- 20 legend. In der Arbeitswelt treffen oft unterschiedliche Kulturen aufeinander und ein kultursensibles Miteinander erfordert es, sich auch über die Trauerrituale anderer Kulturen zu informieren.

Daneben gibt es Gesetze, die den Tod und die 25 Trauer um einen Menschen betreffen. So ist gesetzlich geregelt, wer den Nachlass eines Verstorbenen erbt. Gesetzlich geregelt ist auch, wer für die Bestattung eines Verstorbenen zuständig ist. Aber auch die Zeit, die der Arbeitnehmer im Falle eines Trauerfalls 30 zur Verfügung hat, wird gesetzlich und in Tarifvereinbarungen festgelegt. Trauer ist zwar keine Krankheit,

sondern eine Krisensituation, aber es gibt in der Medizin und Psychologie Handbücher, die die Symptome für pathologische Trauer festlegen.

Der US-amerikanische Gerontologe *Kenneth Doka* erkannte in seinen Studien über die Situation von Hinterbliebenen, dass die Gesellschaft einem Menschen das Recht zugesteht zu trauern oder ihm dieses Recht abspricht. Mit dem Begriff der »disenfranchised grief«, welcher sich mit »aberkannter Trauer« übersetzen lässt, werden Personen in den Blick genommen, die zwar Trauer erleben, denen aber von ihrem sozialen Umfeld oder der Gesellschaft das Recht verweigert wird, diese Trauer auszuleben. Doka geht davon aus, dass es latente gesellschaftliche Normen gibt, die festlegen, wer, wann, wo, wie lange und um wen trauern soll. Nach diesen Regeln richtet sich dann auch die Art und Weise der Zuwendung, welche Trauernden gegenüber entwickelt wird. Seine Theorie verdeutlicht Doka an fünf Möglichkeiten:

Die Beziehung wird nicht wahrgenommen.

Stirbt ein Familienmitglied, wird den Hinterbliebenen intensive Trauer zugestanden. Doch wie ist es um die gesellschaftliche Akzeptanz der Trauer bestellt, wenn eine außereheliche Beziehung bestanden hat, wenn der geschiedene Ehepartner verstorben ist oder eine Kollegin verstirbt, mit der man jahrelang sehr eng zusammengearbeitet hat?

Der Verlust wird nicht wahrgenommen.

Manche Verluste werden vom sozialen Umfeld eher bagatellisiert und nicht als schwer eingestuft. Wie sieht die gesellschaftliche Akzeptanz der Trauer bei Fehlgeburten, Abtreibungen oder Menschen, welche nach langem Leiden oder Dahindämmern versterben, aus?

Die oder der Trauernde wird nicht anerkannt.

Manchen Menschen wird aufgrund ihres geistigen Entwicklungsstandes, ihres Alters oder ihrer Krankheit die Fähigkeit zu trauern abgesprochen. Inwieweit wird in unserer Gesellschaft Kindern, Menschen mit kognitiven Einschränkungen oder Menschen mit Demenz das Recht und die Fähigkeit zur Trauer zugestanden?

Der Tod führt zur Missachtung.

Die Todesumstände und ihre Folgen können zur gesellschaftlichen Ächtung der Angehörigen führen. Wie wird in unserer Gesellschaft mit trauernden Angehörigen umgegangen, deren Verstorbener eine Katastrophe ausgelöst, einen Amoklauf begangen hat oder der durch Suizid Menschen in den Tod mitgerissen hat?

Die Art und Weise wie ein Mensch trauert, wird nicht gewürdigt.

In einer Gesellschaft gibt es auch Vorstellungen, wie »richtig« getrauert wird. Die Art der Trauer ist allerdings individuell und von der Persönlichkeit des Trauernden abhängig. So kann Trauer durchaus still, distanziert oder emotionslos verlaufen. In diesem Zusammenhang werden auch spezifische Verhaltensmuster diskutiert, diese münden dann in der Frage, ob Männer anders trauern als Frauen.

1. Recherchieren Sie Trauerrituale, Normen und Verhaltensweisen in anderen Kulturen und stellen Sie diese in einem Poster oder einer Collage vor.
2. Recherchieren Sie Gesetze und Vorschriften, die die Trauer am Arbeitsplatz betreffen, und erarbeiten Sie dazu ein Handout.
3. Diskutieren Sie die nach Doka aufgeführten fünf Möglichkeiten der aberkannten Trauer unter Berücksichtigung der im Text gestellten Fragen. Beziehen Sie auch die Arbeitswelt in ihre Diskussion mit ein.

M 1.9   Trauer braucht Zeit

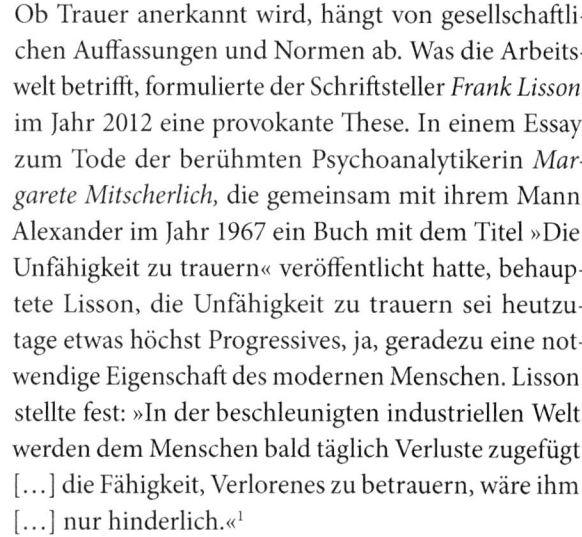

Überlegen Sie zunächst in arbeitsteiliger Gruppenarbeit auf der Basis des in den Arbeitsblättern M 1.5–M 1.8 erworbenen Wissens und fertigen Sie jeweils zu folgenden Fragestellungen eine Mind-Map an:

1. Welche Symptome kann Trauer haben?
2. Welche Faktoren bedingen die Schwere des Trauerprozesses?
3. Wie lange dauert Ihrer Ansicht nach ein Trauerprozess durchschnittlich?

Stellen Sie Ihre Ergebnisse im Plenum vor. Lesen Sie im Anschluss den folgenden Text:

Ob Trauer anerkannt wird, hängt von gesellschaftlichen Auffassungen und Normen ab. Was die Arbeitswelt betrifft, formulierte der Schriftsteller *Frank Lisson* im Jahr 2012 eine provokante These. In einem Essay
5 zum Tode der berühmten Psychoanalytikerin *Margarete Mitscherlich,* die gemeinsam mit ihrem Mann Alexander im Jahr 1967 ein Buch mit dem Titel »Die Unfähigkeit zu trauern« veröffentlicht hatte, behauptete Lisson, die Unfähigkeit zu trauern sei heutzu-
10 tage etwas höchst Progressives, ja, geradezu eine notwendige Eigenschaft des modernen Menschen. Lisson stellte fest: »In der beschleunigten industriellen Welt werden dem Menschen bald täglich Verluste zugefügt […] die Fähigkeit, Verlorenes zu betrauern, wäre ihm
15 […] nur hinderlich.«[1]

Gesellschaftliche Auffassungen haben auch Einfluss auf medizinische Erkenntnisse. Tatsächlich korrespondiert Lissons These mit aktuellen Postulaten. Wie lange ein »natürlicher« Trauerprozess dauert,
20 legt ein internationales Team einflussreicher Medizinerinnen und Mediziner fest. Sie geben den »Diagnostischen und Statistischen Leitfaden psychischer Störungen (DSM)« heraus. Der in den USA erarbeitete Leitfaden ist international gültig und damit auch
25 für deutsche Medizinerinnen und Mediziner verbindlich. Die aktuelle Ausgabe, das DSM-V, stammt aus dem Jahr 2013. Hier wird u. a. festgelegt, nach

welchem Zeitraum Trauer als »depressive Störung« einzuordnen ist und somit pharmakologischer und therapeutischer Behandlung bedarf. Dort steht ge- 30 schrieben:

»Treten nach einem schweren Verlust typische Trauersymptome wie z. B. Niedergeschlagenheit, Schlafstörungen, Energielosigkeit, Konzentrationsschwierigkeiten auf, bedürfen diese therapeutischer 35 bzw. pharmakologischer Behandlung nach einem Zeitraum von **zwei Wochen**« [Hervorh. d. Verf.].[2]

In früheren Ausgaben des »Diagnostischen und Statistischen Manuels Psychischer Störungen« werden andere Zeiträume genannt: Im DSM-III, das im 40 Jahr 1989 erschien, wird die »natürliche« Trauerzeit noch mit einem Jahr beziffert. Fünfzehn Jahre später, im Jahr 2003, heißt es im DSM-IV, die »natürliche« Trauerzeit betrage zwei Monate.

Der Trauerforscher *Jorgos Canakakis* warnte bereits 45 im Jahr 2006 vor der »organisierten Verhinderung von Trauer« durch die »pharmakologische Strategie«.[3]

1 Lisson, F. (2012): Kein Fortschritt ohne Verluste. Eine Umdeutung. Focus 25.06.2012.

2 Falkai, P./Wittchen, H.-U. (Hg.) (2013): Diagnostisches und statistisches Manual psychischer Störungen. DSM-5. Göttingen, S. 213.

3 Canakakis, J. (2006): Ich sehe deine Tränen. Lebendigkeit in der Trauer. Stuttgart, S. 51.

4. Wägen Sie ab: Welche Vor- und welche Nachteile bietet die Möglichkeit einer therapeutischen oder pharmakologischen Behandlung von Trauer nach einem Zeitraum von zwei Wochen nach dem Verlust?
5. Wie erklären Sie sich die – je nach Erscheinungsjahr des »Diagnostischen und Statistischen Manuels Psychischer Störungen« – unterschiedlich angegebenen Zeiträume für »natürliche« Trauerprozesse?
6. Wenn Sie Einfluss nehmen könnten auf die für das Fachwerk verantwortlichen Medizinerinnen und Mediziner, würden Sie diese bitten, die zitierten Zeilen (Z. 32–Z. 37) anders zu formulieren? Wenn ja, notieren Sie einen Alternativvorschlag.

M 1.10 Kreise der Betroffenheit

Schülerinnen und Schüler, Lehrerinnen und Lehrer, nicht lehrendes Personal, einzelne Klassen, Bildungsgänge oder das gesamte Schulsystem sind zumeist selten, mitunter aber auch geballt von krisenhaften Ereignissen betroffen. Um in diesen Krisen adäquat agieren zu können, d. h. alle möglicherweise betroffenen Personen in den Blick zu bekommen, das Erleben der Betroffenen ernst zu nehmen, dennoch keine Überreaktion zu zeigen, kann zunächst das Ausmaß der jeweiligen Betroffenheit abgeschätzt werden. Dafür hat sich ein Analyseschema durchgesetzt, das ursprünglich in Israel entwickelt wurde (*Communitiy Stress Prevention Centre*, 1999). Dieses Institut ist das älteste in Israel, das sich mit der Behandlung und der Prävention von Psychotraumata befasst. Aufgegriffen hat das Schema u. a. *Harald Karutz*. Die Leitfrage lautet: Wer ist vom krisenhaften Ereignis wie direkt betroffen? Was wäre vermutlich sein dringendster Hilfebedarf? Wie kann man den Bedürfnissen des sehr heterogenen Personenkreises möglichst individuell gerecht werden? Der *erste Kreis* besteht aus Personen in unmittelbarer Nähe zum Ereignis, z. B. direkt betroffene Schüler, Lehrer, Eltern usw. Der *zweite Kreis* besteht aus Personen in der näheren Umgebung ohne unmittelbare Erfahrung, z. B. Familie, Freunde, Mitschüler oder Kollegen usw.; der *dritte Kreis* besteht aus Personen in der Hördistanz, z. B. in der institutionellen oder regionalen Nachbarschaft, z. B. Verwandtschaft, engere Bekanntschaft, die ganze Schule (andere Schüler, Kollegium, Eltern, Schulleitung, Träger, Schulaufsicht). Der *vierte Kreis* besteht aus Personen aus der räumlich, familiär oder arbeitsplatzbezogen entfernteren Nachbarschaft, z. B. Anwohner, Kirchen, Öffentlichkeit usw. Der nächste Schritt wäre zu eruieren, welche Unterstützungssysteme für die unterschiedlich betroffenen und damit unterschiedlich hilfebedürftigen Personen zur Verfügung stehen. Hier erhebt sich die Frage nach möglichen Bündnispartnern, die als Unterstützung herangezogen werden können. In Kriseninterventionsteams empfiehlt es sich zu differenzieren, um welche Personen es sich jeweils konkret handelt. Zu unterscheiden wären auch Arten der Betroffenheit: Gibt es eine räumliche oder eine emotionale Nähe zum Ereignis oder eine emotionale Nähe zu der betroffenen Person? Beispielhaft sollten Fragen gestellt werden wie: Wer wäre normalerweise am Ort gewesen? Wer hat ähnliche Vorerfahrungen? Wer hat ein Kind im selben Alter? Wer ist in einer ähnlichen Situation? Wer ist im Moment persönlich sehr belastet? Sinnvoll ist die schriftliche Dokumentation der betroffenen Personen sowie der jeweiligen Unterstützungspersonen, -systeme und -maßnahmen. Natürlich ist die Kenntnis der Kreise der Betroffenheit wichtig bei der Prävention, wobei nicht alle Krisen vorausgesagt werden können; von besonderer Wichtigkeit ist sie bei der Intervention und der Nachsorge.

1. Überlegen Sie ein Szenario am Arbeitsplatz, das Sie motivieren würde, Kreise der Betroffenheit zu berücksichtigen.
2. Erstellen Sie dazu ein Schaubild.
3. Entwickeln Sie erste Handlungsideen, wie Sie in Bezug auf diese Kreise agieren würden.

M 1.11 Lebensphasen- und krisenorientierte Personalpolitik als Unterstützung für trauernde Arbeitnehmer

Der Arbeitsplatz ist ein öffentlicher Ort, an dem von den Arbeitnehmerinnen und -nehmern verlangt wird, dass sie vollen Einsatz zeigen und ihre Arbeit korrekt durchführen. Aber jede Lebensphase hat gewisse Er-
5 fordernisse, die für den Beschäftigten auch Einsatz außerhalb des Arbeitsplatzes notwendig machen. Als Beispiele sind hier Kindererziehungszeiten oder die Pflege von Angehörigen zu nennen. Aber auch kritische Lebensereignisse wie psychische Erkrankun-
10 gen, Scheidung oder ein Trauerfall in der Familie können zur Überforderung am Arbeitsplatz bis hin zum Arbeitsausfall führen.

Arbeitgeber sind hier in einem Dilemma, gilt es doch einerseits effizient zu arbeiten, andererseits Für-
15 sorge für die Beschäftigten zu übernehmen. Gerade mit Blick auf den demografischen Wandel und den Mangel an Fachkräften ist es für Betriebe notwendig, sich an den Erfordernissen der Lebensphasen der Beschäftigten zu orientieren und Verständnis für kriti-
20 sche Lebensereignisse zu entwickeln. Die Bindung der Arbeitskräfte an den Betrieb und die Erhaltung der Beschäftigungsfähigkeit (employability) wird künftig zu den wichtigen Aufgaben von Unternehmensleitungen und Personalabteilungen gehören.
25 Zu den kritischen Lebensereignissen gehört auch Trauer und diese lässt sich am Arbeitsplatz nicht einfach abstellen. Trauer am Arbeitsplatz zeigt sich in unterschiedlichen Situationen. So können Mitarbeitende den Tod von Familienmitgliedern oder
30 Arbeitskollegen betrauern. Ein Todesfall innerhalb der Firmenleitung kann unter Umständen die Existenz eines Unternehmens gefährden. Das Personal von Verkehrsbetrieben ist immer wieder mit tödlichen Unfällen oder (Selbst-)Morden konfrontiert. So
35 vielfältig Trauersituationen am Arbeitsplatz sind, so unterschiedlich ist auch die individuelle Trauerver-

arbeitung. Deshalb gibt es keine Patentlösung, dennoch kann sich eine mitarbeiterfreundliche Personalpolitik auf diese Krisensituationen einstellen.

Im Zusammenhang mit Trauerarbeit in Betrieben 40 ist vor allem das Konzept der lebensphasenorientierten Personalpolitik von *Prof. Dr. Jutta Rump* von Bedeutung. Rump plädiert dafür, die wechselnden Anforderungen aus den Lebens- und Berufsphasen im Arbeitsalltag zu berücksichtigen und mit den Betrof- 45 fenen eine Vereinbarkeit der beruflichen und privaten Erfordernisse anzustreben. Trauer gehört für Rump zu den kritischen Lebensereignissen, die im Rahmen einer lebensphasenorientierten Personalpolitik von Führungskräften und Betriebsratsmitgliedern Auf- 50 merksamkeit erfahren sollten.

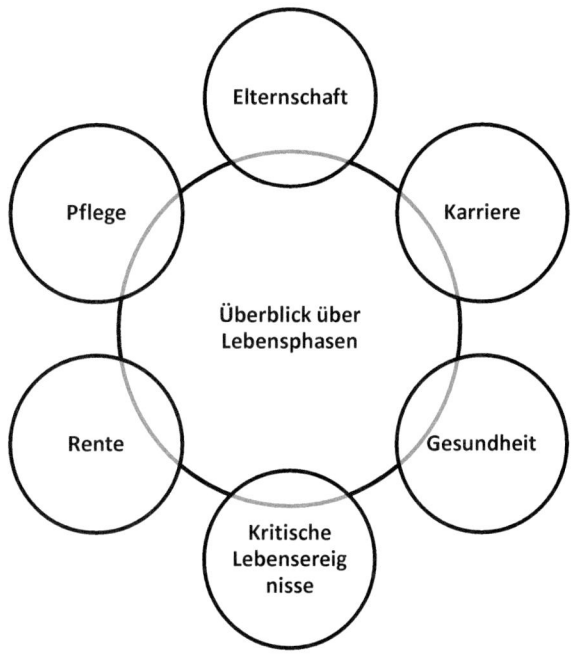

© Ursula Engelfried-Rave: Überblick über Lebensphasen

1. Betrachten Sie die Grafik und überlegen Sie sich Beispiele für Problemsituationen in den jeweiligen Lebensphasen.
2. Machen Sie an einem Fallbeispiel deutlich, warum Trauer ein kritisches Lebensereignis ist und wie es sich auf den Arbeitsalltag auswirken kann
3. Erarbeiten Sie anhand Ihres Fallbeispiels Vorschläge, wie Trauernde innerhalb des Arbeitsalltags unterstützt werden können.

2 Lernsituationen aus verschiedenen Arbeitsfeldern

von

Barbara Koch

Birgit van Elten

M 2.1 Einführung: Sterben, Tod und Trauer im Unternehmen

© ArtTower/pixabay

Nach Angaben des Statistischen Bundesamtes sterben in Deutschland jedes Jahr rund 900.000 Menschen. Wenn jeder Todesfall nur zehn Personen im persönlichen Umfeld betrifft, sind pro Jahr gut 10 % der
5 Bevölkerung direkt von Sterben, Tod und Trauer betroffen. Die Berufstätigen unter ihnen kommen mit dieser privaten Situation auch an den Arbeitsplatz.

Wenn man weiter berücksichtigt, dass jährlich rund 135.000 Menschen im erwerbsfähigen Alter versterben, kann man die direkten Auswirkungen auf Unternehmen einschätzen. Denn diese Arbeitnehmer oder Arbeitgeber hinterlassen nicht nur Familie und Freunde, sondern auch Vorgesetzte und Mitarbeiter bzw. Kollegen sowie Geschäftspartner.

Denken Sie daran, dass Unternehmen nicht nur abs- 15 trakte Gebilde sind, sondern aus Menschen bestehen, die unterschiedliche Rollen (Chefin, Führungskraft, Mitarbeiter) ausfüllen und die daher – neben der persönlichen Betroffenheit – auch unterschiedliche Funktionen (Vorgesetztenfunktion, Kollegenfunktion, Ge- 20 schäftspartner) wahrnehmen.

Beachten Sie weiter die persönliche Situation (Geschlecht, Alter, Familienstand, Finanzen, Wohnsituation) und die Stellung im betrieblichen Umfeld (Einzelgängerin, Teamplayer, Neuling, Erfahrene). 25

Es hilft, sich immer auch die Frage zu stellen: Was würde ich in der gleichen Lage erwarten, was würde mir gut tun?

Think – Pair – Share

Überlegen Sie zunächst für sich, besprechen Sie sich mit Ihrer Partnerin/Ihrem Partner und dann in der Arbeitsgruppe. Präsentieren Sie Ihre Ergebnisse im Plenum.

1. Sind Sie im Rahmen Ihrer Ausbildung bzw. an Ihrem Arbeitsplatz schon einmal direkt oder indirekt mit Erfahrungen von Sterben, Tod und Trauer in Kontakt gekommen?
2. Wie kann sich Trauer im Betrieb äußern?
3. Überlegen Sie, in welchen Konstellationen ein Unternehmen von Tod und Trauer betroffen sein kann und stellen Sie die Ergebnisse in Form einer Mind-Map der Klasse vor.

Aufgaben für eine arbeitsteilige Gruppenarbeit in der Folgestunde

Aufgaben Gruppe 1
- Welche Berufe haben häufiger als andere mit Sterben, Tod und Trauer zu tun? *(Kartenabfrage)*
- Sammeln Sie Betriebe bzw. Arbeitsplätze, wo Tod und Trauer von »Kunden« häufiger als anderswo eine Rolle spielen.

Aufgaben Gruppe 2
- Sind Ihnen Traditionen und Rituale im Umgang mit Erfahrungen von Sterben, Tod und Trauer bekannt? *(Partnerarbeit)*
- Warum sollten sich Betriebe überhaupt mit Sterben, Tod und Trauer befassen? Berücksichtigen Sie bei der Antwort, dass es präventive Maßnahmen und Maßnahmen in akuten Situationen gibt. *(Gruppenarbeit)*

Aufgabe Gruppe 3
- Erkundigen Sie sich über das Berufsbild eines Bestatters.

Aufgabe Gruppe 4
- Recherchieren Sie, was ein Trauerbegleiter macht und welche Voraussetzungen und Qualifikationen erforderlich sind.

Exkursionsvorschlag
- Organisieren Sie einen Besuch, z. B. in einem Hospiz, bei einem Bestatter oder auf dem Friedhof, und bereiten Sie den Termin inhaltlich, z. B. eine Liste mit Themen und Fragen, vor.

Einstiegssituationen und -fragen
Der Ehepartner eines Mitarbeiters stirbt nach langer Krankheit. Das Baby einer Kollegin stirbt am plötzlichen Kindstod. Der Sohn einer Mitarbeiterin überlebt den fremdverschuldeten Motorradunfall nicht.

© abiralo/pixabay

© Pressmaster/shutterstock

© skeeze/pixabay

Arbeitsteilige Gruppenarbeit
Erstellen Sie eine Mind-Map zu je einer der folgenden Fragen und stellen Sie Ihre Ergebnisse im Plenum vor:
1. Welche Auswirkungen kann der Tod eines Angehörigen auf die nahen Hinterbliebenen haben?
2. Welche Konsequenzen kann der Tod eines Angehörigen für ein Unternehmen haben?
3. Welche Folgen kann es haben, wenn der Chef/die Chefin und/oder die Kolleginnen/Kollegen die Trauer eines Hinterbliebenen in ihrer Organisation ignorieren?
4. Welche Vorteile hat die rechtzeitige Beschäftigung mit Sterben, Tod und Trauer im Unternehmen, welche Schwierigkeiten können dabei auftauchen?

M 2.2.1 Tod der Mutter Josefine Käufer

Lernsituation

Sie arbeiten in der Personalabteilung eines größeren Betriebs mit mehreren Standorten. Der Einkaufssachbearbeiter Toni Käufer meldet sich am Telefon bei Ihnen und teilt mit, dass er ein paar Tage frei haben muss, weil seine 88-jährige Mutter Josefine verstorben ist und der pflegebedürftige Vater nun keine Betreuung mehr hat.

Über die Verstorbene wissen Sie nichts. Auch den trauernden Kollegen kennen Sie nicht besonders gut, weil er in einer anderen Niederlassung der Firma arbeitet. Den einzigen Anhaltspunkt gibt Ihnen die Todesanzeige der Familie mit dem außergewöhnlichen Spruch: »Der Tod kann freundlich kommen zu Menschen, die alt sind, deren Hand nicht mehr festhalten will, deren Stimme nur noch sagt: Es ist genug, das Leben war schön.«

© 422737/pixabay

Impulse für den Unterricht

1. Wie reagieren Sie am Telefon? Was müssen Sie an Informationen erfragen oder den Mitarbeitern weitergeben? Finden Sie heraus, was aktuell die größten Probleme von Toni Käufer sein könnten? *(Rollenspiel)*

2. Überlegen Sie nach dem ersten Telefonkontakt, was Ihre Firma grundsätzlich unternehmen könnte, um Anteilnahme auszudrücken. Was bieten Sie dem Beschäftigten an Unterstützung im konkreten Fall an? Muss der Mitarbeiter Urlaub nehmen, um an der Beerdigung der Mutter teilzunehmen und um die Pflege des Vaters kurzfristig zu organisieren? *(Gruppenarbeit)*

3. Formulieren Sie ein Kondolenzschreiben im Namen des Betriebs. *(Einzelarbeit)*

4. In Ihrem Betrieb ist es üblich, dass die jeweilige Führungskraft mit dem Hinterbliebenen ein Trauergespräch führt. Der Vorgesetzte Werner Hartmann ist immer sehr beschäftigt, denn er will im Unternehmen noch weiterkommen. Er hält nichts davon, Schwäche zu zeigen. Vier Wochen nach dem Trauerfall begegnet er Herrn Käufer zufällig auf dem Hof und ruft ihm von Weitem zu, er möge sich bei seiner Sekretärin einen Termin für das obligatorische Trauergespräch holen. Welche Folgen kann ein solches Verhalten von Herrn Hartmann auf den Trauernden haben?

M 2.2.2 Tödliche Erkrankung der Schwester Judith Zwilling

Lernsituation

Sie sind Personalsachbearbeiter eines mittelgroßen Betriebs. Ein Abteilungsleiter informiert Sie, dass eine seiner Mitarbeiterinnen, Sarah Zwilling, die in Vollzeit arbeitet, in letzter Zeit sehr unkonzentriert und gereizt ist, häufig zu spät kommt und ungewohnt viele Fehler macht. Der Vorgesetzte führt dies darauf zurück, dass die Schwester Judith Zwilling schwer erkrankt ist und nicht mehr lange zu leben hat. Die erkrankte Schwester lebt allein und hat keine weiteren Angehörigen.

Impulse für den Unterricht

1. Diskutieren Sie mit dem Abteilungsleiter, wer den Kontakt zu Sarah Zwilling aufnimmt und hält. Welche Vorteile hat es, wenn der Vorgesetzte der Ansprechpartner bleibt, welche Vorteile hat es, wenn Sie als Personalsachbearbeiter die Funktion übernehmen? *(Rollenspiel)*

2. Welche Angebote können Sie machen, um Ihre Beschäftigten in der Zeit der Erkrankung eines Angehörigen zu unterstützen?

3. Überlegen Sie, was im Zusammenhang mit dem Sterben geregelt werden sollte, und beraten Sie die Kollegin/den Vorgesetzten unverbindlich. (Rollenspiel)

4. Informieren Sie sich über das Seminarangebot von »Letzte-Hilfe-Kursen« und geben Sie diese Informationen als Empfehlung an die Mitarbeiterin/den Vorgesetzten weiter. (Rollenspiel)

5. Recherchieren Sie, welche Institutionen in Ihrem Bezirk welche konkreten Hilfen für Sterbe- und Trauerbegleitung anbieten.

6. Schreiben Sie, nachdem Sie die Nachricht vom Tod der Schwester erhalten haben, als Abteilungsleiter im Namen Ihres Teams eine private Kondolenzkarte an Sarah Zwilling.

7. Was können Sie als Vorgesetzter oder Ihr Team der trauernden Kollegin an konkreter persönlicher Unterstützung am Arbeitsplatz anbieten?

M 2.2.3 Prokurist Peter Sicherer hat nicht mehr lange zu leben

Lernsituation

Bei dem 51-jährigen Peter Sicherer, Prokurist der mittelgroßen Niederlassung einer Versicherung, kehrt die Krebserkrankung – nach vorheriger erfolgreicher Behandlung – plötzlich zurück. Diesmal lautet die
35 Diagnose der Ärzte: »Unheilbar! Lebenserwartung ohne Chemo drei Monate, mit neun Monate!« Der ledige Mitarbeiter, der seit Beginn seiner Ausbildung vor 33 Jahren dem Betrieb angehört, entscheidet sich gegen eine Behandlung und für das Sterben im Hospiz. Er äußert Ihnen, seiner langjährigen Assistentin, 40 gegenüber den Wunsch nach absoluter Vertraulichkeit in Bezug auf seinen Zustand gegenüber der Belegschaft und den Kunden. Außer Ihnen wissen nur das engste Team von Herrn Sicherer 45 und der Direktor Bescheid. Der allseits beliebte Kollege war sportinteressiert und hat als Motorradfreak am Wochenende gerne die Freiheit auf zwei Rädern genossen. 50

© shawrypa/pixabay

Impulse für den Unterricht

1. Finden Sie auf der Internetseite der Deutschen Gesellschaft für Palliativmedizin heraus, welche verschiedenen Arten von Hospiz- und Palliativversorgung verfügbar sind. Suchen Sie entsprechende Anbieter für Ihre Region auf der Internetseite *www.wegweiser-hospiz-palliativmedizin.de*. Stellen Sie die verschiedenen Angebote der Hospize bzw. Hospizvereine in Ihrer Region zusammen. Was ist der Unterschied zwischen Sterbebegleitung und Sterbehilfe?

2. Erstellen Sie einen Text, in dem Sie Ihren Kollegen die Todesnachricht im Intranet mitteilen. Welche Informationen dürfen Sie benutzen bzw. weitergeben, welche nicht?

3. Formulieren Sie ein Kondolenzschreiben des Unternehmens an die betagten Eltern von Peter Sicherer, die keine anderen Kinder haben.

4. In welchem Fall würden Sie dem Direktor empfehlen, einen Nachruf in der regionalen Tageszeitung zu veröffentlichen? Was ist zu beachten?

5. Klären Sie, was ein Nachruf in der regionalen Tageszeitung kostet und wovon die Kosten abhängen.

6. Da Peter Sicherer als Prokurist – auch überregional – wichtiger Ansprechpartner vieler Geschäftskunden war, soll sein Ableben den besonderen Kunden als Schreiben des Direktors mitgeteilt werden. Erstellen Sie für Ihren Chef einen Briefentwurf. Fertigen Sie ein weiteres Schreiben an, in dem Sie – einige Zeit nach dem ersten Nachruf – den Geschäftspartnern mitteilen, wer ihr neuer Ansprechpartner ist.

7. Sie waren seit vielen Jahren die Assistentin von Peter Sicherer, sind mit ihm beruflich durch dick und dünn gegangen und haben ihn auch in der letzten Phase im Hospiz begleitet. Gestalten Sie grafisch eine individuelle Kondolenzkarte für den Verstorbenen (z. B. eine Zeichnung, ein Foto oder Symbol) und formulieren Sie einen persönlichen Text an die trauernden Eltern.

M 2.3　Wenn Mitarbeiter*innen sterben

© Tama66/pixabay

Einstiegssituationen und -fragen

Der langjährige frühere Mitarbeiter stirbt nach schwerer Krankheit im Ruhestand. Durch einen Unfall unter Alkoholeinfluss kommt der Auszubildende ums Leben. Die allseits beliebte Mitarbeiterin erleidet im Betrieb
5 einen schweren Herzinfarkt und kann vom herbeigerufenen Notarzt nicht mehr gerettet werden.

1. Welche Auswirkungen kann das Versterben eines Mitarbeiters auf das Unternehmen haben?
2. Welche Folgen kann es haben, wenn die Unternehmensleitung mit dem Todesfall nicht angemessen
10 umgeht?
3. Welche Hilfen können Sie als Unternehmen den Beschäftigten und den Hinterbliebenen geben, wenn ein Betriebsangehöriger stirbt?

M 2.3.1 Maurergeselle Omir Can verunfallt am Arbeitsplatz

Lernsituation

15 Sie sind Geschäftsführer eines mittelständischen Baubetriebs. Beim Aushub eines Grabens wird der 22-jährige Maurergeselle Omir Can ohne Fremd-
einwirkung verschüttet und kann nur noch tot geborgen werden. Fünf Kollegen sehen das Unglück, können aber nicht eingreifen. Der junge Mann fuhr 20 für sein Leben gern die größten Bagger der Firma. Omir war Muslim, hat seinen Glauben am Arbeitsplatz aber nicht praktiziert.

© PIRO4D/pixabay

Impulse für den Unterricht

1. Informieren Sie sich, welche Institutionen bei einem tödlichen Arbeitsunfall hinzugezogen werden.
2. Suchen Sie das Formular für eine Unfallmeldung auf der Internetseite der zuständigen Berufsgenossenschaft (BG) und erstellen Sie die Unfallanzeige.
3. Welche Leistungen erhalten die Hinterbliebenen im Falle eines tödlichen Arbeitsunfalls von der BG?
4. Was sind für den Betrieb insgesamt und insbesondere für die Augenzeugen die erschwerten Umstände eines solchen Todesfalls?
5. Da die Beisetzung in der Heimat der Eltern des Verstorbenen stattfindet, kann die Belegschaft nicht teilnehmen. Daher organisieren Sie als Geschäftsführer mit einem kleinen Organisationsteam eine betriebliche Trauerfeier (Zeit, Ort, Symbolik, Programm mit Texten und Musik, Kleidung) und verfassen eine Trauerrede. *(Gruppenarbeit)*
6. Sie haben als Kollege mit Omir Can und zwei anderen jungen Leuten am gleichen Tag die Ausbildung im Betrieb begonnen und waren direkt ein gutes Team. Sie haben nicht nur auf den Baustellen Hand in Hand gearbeitet, sondern sich auch in der Berufsschule gegenseitig unterstützt. Gestalten Sie zusammen mit den anderen ehemaligen Auszubildenden des Jahrgangs für die Mitarbeiterzeitung einen persönlich formulierten und gestalteten Nachruf. *(Gruppenarbeit)*

M 2.3.2 Suizid von Teammitglied Ulrich Einzler

Lernsituation

In Ihrem Betrieb werden Zulieferteile für die Automobilindustrie hergestellt. Die Fertigung erfolgt in altersgemischten Teams. Das siebenköpfige Team B3 arbeitet schon lange zusammen. Das Arbeitsklima in der Gruppe ist gut, auch dann, wenn Überstunden gefahren werden müssen oder ein Kollege krankheitsbedingt länger ausfällt und von den anderen Mehrarbeit geleistet werden muss. Einer ist für den anderen da. Privat trifft man sich regelmäßig auf ein Feierabendbier und veranstaltet gemeinsame Grillabende. Montags, kurz vor Schichtbeginn, lässt der Werksleiter Sie und die fünf anderen anwesenden Mitglieder des Teams B3 in den Aufenthaltsraum rufen. Er teilt Ihnen ziemlich geschockt mit, dass Kollege Ulrich Einzler sich am Wochenende vor einen Schnellzug geworfen hat, und schickt Sie für diesen Tag nach Hause.

Als Azubi im dritten Lehrjahr ist es das erste Mal, dass Sie

mit dem Thema Suizid in Berührung kommen. Schon auf dem Heimweg kreist Ihr ganzes Denken um die Frage nach dem »Warum«. Der Ulrich war doch der Spaßvogel des Teams gewesen. Und mit seiner langen Erfahrung hatte er für alle Probleme immer eine Lösung parat. In der Nacht, in der Sie kaum zur Ruhe kommen, fällt Ihnen auf, dass Ulrich sich in letzter Zeit nicht mehr so aktiv in die Gemeinschaft eingebracht hat und dass er immer häufiger bei den privaten Aktivitäten gefehlt hat. Sie fragen sich: Haben wir etwas falsch gemacht? Hätten wir etwas anders machen können? Warum haben wir die Veränderungen in seinem Verhalten nicht früher gemerkt? Haben wir Mitschuld am Tod des Kollegen? Am nächsten Morgen stellen Sie beim Gespräch mit den anderen Kollegen fest, dass diese sich mit den gleichen Fragen beschäftigen. Sie nehmen allen Mut zusammen und bitten im Namen des ganzen Teams den Geschäftsführer um Hilfe, z. B. um ein moderiertes Gespräch mit einem Notfallseelsorger.

Impulse für den Unterricht

1. Finden Sie heraus, welche Aufgaben ein Notfallseelsorger hat.
2. Recherchieren Sie Literatur zum Thema Suizidprävention. Wie können Unternehmensleitung und Belegschaft dazu beitragen, Suizide zu verhindern?
3. Recherchieren Sie regionale und überregionale Hilfsangebote. Wohin können sich Hinterbliebene wenden?
4. Auf die Witwe von Ulrich Einzler kommen durch die Beerdigung hohe Kosten zu, mit denen sie nicht gerechnet hatte. Die Risikolebensversicherung ihres Mannes hat geschrieben, dass sie bei Suizid nicht zahlt. Und das Sterbegeld der Firma sowie die Urlaubsabgeltung können an Frau Einzler, die ohne Zweifel Alleinerbin ist, erst dann rechtskräftig ausgezahlt werden, wenn sie den Erbschein vorlegen kann. Wie kann der Betrieb helfen?
5. Sammeln Sie religiöse und weltliche Symbole, die man in einer Traueranzeige oder in einem Kondolenzschreiben einsetzen kann. Welche Symbole aus der beruflichen Welt fallen Ihnen ein? Welche Symbole sollten dem privaten Bereich vorbehalten bleiben? *(Mind-Map)*
6. Das Team B3 möchte einen eigenen Kranz für die Beerdigung von Ulrich Einzler besorgen. Informieren Sie sich über die verschiedenen Möglichkeiten für Trauer- bzw. Grabschmuck und über die Symbolik von Blumen und erstellen Sie ein entsprechendes Merkblatt. Erläutern Sie Ihre Wahl und schreiben Sie dann die Bestellung für einen Trauerkranz mit Schleife und Schleifentext.

M 2.3.3 Verspätete Nachricht vom Tod des Rentners Fritz Herbst

© AlessandroSquassoni/pixabay

Lernsituation

Sie erfahren durch Zufall von einem anderen Ruheständler Ihres Betriebs, dass dessen langjähriger Kollege Fritz Herbst bereits vor vier Monaten an einer Krebserkrankung verstorben ist. Der ehemalige Mitarbeiter ist schon so lange in Rente, dass Sie ihn nicht mehr kennen, die älteren Mitarbeiter in Ihrem Betrieb aber schon. Der Rentner erzählt Ihnen einiges zum Verstorbenen, mit dem er lange Jahre in der gleichen Werkstatt gearbeitet hat.

Fritz Herbst hatte eine humorvolle Art und eine positive Ausstrahlung, seine Interessen waren breit gestreut: Politik, Geschichte, Kunst und Technik. Ein besonderes Faible hatte er für das Schachspiel. Sein Wissen gab er leidenschaftlich gerne an andere weiter. Deshalb war er bei den Kollegen geschätzt und beliebt. Weil er keine eigenen Kinder hatte, engagierte er sich besonders für die jungen Leute im Betrieb, denen er stets geduldig die notwendigen Arbeitsschritte erläuterte und vormachte. Aufgrund seiner Erkrankung hatte er sich mit seiner Frau, mit der er 44 Jahre glücklich verheiratet war, mehr und mehr in die eigenen vier Wände zurückgezogen.

Die Daten zum beruflichen Lebenslauf liefert die Personalabteilung:

Geboren am 04.10.1947, Eintritt am 15.02.1984 als Metallbauer in die neu errichtete Zweigniederlassung in Neustadt, vorzeitiger Renteneintritt am 31.10.2009 mit 62 Jahren. War zunächst als Mitarbeiter in der Produktion tätig und hat nach seiner Meisterprüfung, die er im Alter von 35 Jahren erfolgreich ablegte, die Vorarbeiterfunktion übernommen. In dieser Rolle bildete er mit Engagement jedes Jahr drei Auszubildende aus und führte sie erfolgreich zur Prüfung.

Liebe Frau Herbst,

erst vor ein paar Tagen habe ich durch die Firma von Fritz' Tod erfahren und diese Nachricht hat mich schwer getroffen. Meine Frau ist auch vor zwei Jahren an Krebs gestorben und deswegen kamen viele alte Gefühle wieder hoch.

Sie können sich nicht vorstellen, wie traurig ich wegen des Todes von Fritz war! Ich hatte ihn zwar seit sechs Jahren nicht mehr gesehen, weil ich leider keine Zeit hatte, ihn zu besuchen, aber dennoch bin ich tief bestürzt.

Vielleicht haben Sie ja nächste Woche mal Zeit, damit wir beide uns treffen und ein wenig gemeinsam in Erinnerungen schwelgen können. Eine Zeit lang war ich ja jeden Samstag bei Ihnen zu Hause zum Schachspielen mit Fritz.

Ich würde mich freuen, von Ihnen zu hören.

Liebe Grüße, Paul

Impulse für den Unterricht

1. Erstellen Sie aus den Informationen einen internen Nachruf.
2. Formulieren Sie ein Kondolenzschreiben der Geschäftsleitung an die Witwe.
3. Aufgrund der Mitteilung im Intranet hat sich der Mitarbeiter Paul Schüller verpflichtet, ein Kondolenzschreiben an die Witwe seines ehemaligen Ausbilders zu schicken. Er fragt Sie vorher, ob der Text so in Ordnung sei. Wie bewerten Sie das Kondolenzschreiben? Was ist der Situation angemessen, was eher nicht? Formulieren Sie das Kondolenzschreiben zusammen mit Herrn Schüller um.

M 2.4 Wenn Chef*innen sterben

Einstiegssituationen

Der Inhaber einer Töpferei erkrankt überraschend so schwer, dass er nach kurzer Krankheit stirbt und die Geheimnisse seiner Brennverfahren mit ins Grab nimmt. Der Chef eines familiär geführten Hotels stirbt
5 plötzlich und die Ehefrau kennt weder das Passwort des Reservierungssystems, noch gibt es eine Bankvollmacht. Der einzige Bäckermeister im Ort verunglückt auf der Fahrt zur jährlichen Hausmesse seines Lieferanten und liegt seitdem im Wachkoma. Die Ehefrau, die als Fachverkäuferin im Laden mitgearbeitet hat, kann den Betrieb nicht weiterführen, weil sie keinen Interessenten findet, der die Bäckerei weiterbetreiben will. 35

Impulse für den Unterricht

1. Welche Konsequenzen kann der Tod des Chefs für den Betrieb und die Beschäftigten haben?
2. Wovon hängen diese ab?
3. Welche Vorkehrungen sollten Unternehmen treffen?

© skeeze/pixabay

© anaterate/pixabay

M 2.4.1 Betriebsinhaber Roland Meister bricht tot zusammen

Lernsituation

Ein mittelständischer Handwerksbetrieb auf dem Land beliefert einen wachsenden Stamm an Privat- und Firmenkunden im Umkreis
10 von 100 km. Sie alle sind sehr zufrieden mit den Leistungen, denn der Chef Roland Meister stellt an sich und seine Mitarbeiter hohe Ansprüche. Der Betrieb wirft über die Zeit gute Gewinne ab und so kann der Inhaber
15 übertarifliche Löhne und Gehälter zahlen. Die Belegschaft ist kontinuierlich auf 32 Mitarbeiter in Büro, Werkstatt und auf Montage angewachsen. Tochter Carolin bereitet sich darauf vor, nach der Meisterprüfung im kommenden
20 Jahr in die Firmenleitung einzusteigen und langfristig die Nachfolge zu übernehmen.

Alles läuft gut. Doch dann bricht Herr Meister eines Morgens in der Werkstatt zusammen. Jede Hilfe kommt zu spät. Die Ehefrau Beate, die halbtags im
25 Büro mitarbeitet, ist geschockt. Aber für sie ist sofort klar, dass sie den Betrieb, das Lebenswerk ihres Mannes und die Zukunft ihrer Tochter, in jedem Fall weiterführen und die Belegschaft zusammenhalten will. Sie wendet sich bezüglich einer Unterstützung an die
30 Handwerkskammer.

© tattybadger/pixabay

© Joenomias/pixabay

Impulse für den Unterricht

1. Informieren Sie sich über die Aufgaben einer Handwerkskammer. Wie sollte die HwK reagieren?
2. Überlegen Sie, welche Fragen sich in dieser Situation für die Belegschaft stellen und wie sich die Mitarbeiter verhalten könnten.
3. Sie haben den Zusammenbruch des Chefs miterlebt. Und da Sie seit Ihrer Ausbildung im Betrieb arbeiten und mit der gleichaltrigen Tochter Carolin befreundet sind, wollen Sie auch persönlich ihr Beileid und Mitgefühl ausdrücken. Führen Sie je ein Gespräch mit der Chefin und mit der Tochter. *(Rollenspiel)*
4. Informieren Sie Ihre Kollegen schriftlich über den Tag und Ort der Beisetzung und bieten Sie an, Geld für Grabschmuck der Belegschaft zu sammeln.
5. Erstellen Sie eine Informationsmappe für Notfallsituationen im Betrieb. Welche Informationen und Adressen würden Sie in Ihren betrieblichen Notfallordner aufnehmen? Recherchieren Sie dafür z. B. auf den Internetseiten der Handwerkskammern und IHKs nach Vorlagen für Notfallordner.

M 2.4.2 Chefarzt Peter Heiler nimmt sich das Leben

Lernsituation

Chefarzt Peter Heiler, erfolgreicher Herzchirurg eines kommunalen Krankenhauses, ist in den besten Jahren. Doch seit geraumer Zeit merkt er, dass er nicht mehr so leistungsfähig ist, dass seine Hände bei den OPs nicht mehr so ruhig sind wie früher und dass der deutlich jüngere Oberarzt ihn zu überflügeln beginnt. Außerdem ist seine Frau vor ein paar Monaten aus der gemeinsamen Wohnung ausgezogen, weil er dem Beruf immer den Vorrang vor der privaten Beziehung gegeben hatte. Peter Heiler hat das Gefühl, dass gerade alles zusammenbricht, was er sich unter großem Einsatz aufgebaut hat. Als Chefarzt hat er Zugang zum Medikamentenschrank. Und als dann noch ein junger Patient bei einem schwierigen Eingriff unter seinen Händen stirbt, kommt es zu einer Kurzschlusshandlung: Peter Heiler schluckt zu Hause eine Überdosis Tabletten. Als er am nächsten Morgen nicht wie gewohnt zum Dienst erscheint und auch auf Anrufe nicht reagiert, fahren Sie als Chefsekretärin – den Ersatzschlüssel in der Tasche – schon mit einem mulmigen Gefühl zur Wohnung. Sie finden Ihren Chef dort leblos vor. Auf dem Wohnzimmertisch liegen ein Abschiedsbrief an seine Frau und ein Zettel, in dem er Sie bittet, seine Beerdigung zu organisieren.

© Lee Campbell/Pexels

Impulse für den Unterricht

1. Was müssen Sie als Erstes tun, wenn jemand verstorben ist? Welche Besonderheiten sind beim Tod durch Suizid zu beachten?
2. Informieren Sie sich über die Aufgaben eines Bestatters. Welche Schritte nimmt er den Angehörigen ab?
3. Die Klinikleitung beauftragt Sie mit der internen Abwicklung der erforderlichen Schritte. Stellen Sie einen Aufgabenkatalog zusammen, was alles vonseiten des Arbeitgebers und der Personalabteilung zu tun ist.

A. Diskutieren Sie die folgenden vier Fragen zum Thema Suizid zunächst im Plenum und recherchieren Sie die entsprechenden Statistiken im Anschluss in arbeitsteiliger Gruppenarbeit auf der Internetseite des Statistischen Bundesamtes:
Welche Aussagen zur Todesursache Suizid halten Sie für richtig?
- Ungefähr jeder hundertste Todesfall geht auf einen Suizid zurück.
- Die Zahl der Verkehrsunfälle pro Jahr liegt über der Zahl der Suizide.
- Frauen nehmen sich häufiger das Leben als Männer.
- Die relativ häufigsten Suizidfälle kommen bei den Menschen in den besten Jahren vor.

© 2020, Vandenhoeck & Ruprecht GmbH & Co. KG, Theaterstraße 13, 37073 Göttingen

B. Visualisieren Sie Ihre Ergebnisse:

Todesursache Suizid nach Geschlecht:
- Wie ist das Verhältnis zwischen Männern und Frauen insgesamt? Erstellen Sie ein Kreisdiagramm.

Suizide nach Jahren und Monaten:
- Wie hat sich die Zahl der Suizide in den Jahren entwickelt? Stellen Sie den Trend in einem Liniendiagramm dar.

Suizide nach Altersgruppen:
- Wie verteilen sich die Suizide auf die Altersgruppen? Erstellen Sie ein Balkendiagramm. Wie viel Prozent der Suizide finden während der Phase der Berufstätigkeit (15–65 Jahre) statt?

M 2.4.3 Seniorchefin Ida Gründler stirbt nach einem erfüllten Leben

Lernsituation

Sie erhalten vom Geschäftsführer Bernd Gründler die telefonische Nachricht, dass seine Mutter Ida, Seniorchefin und Ehefrau des Firmengründers, gestern
65 Abend in hohem Alter, aber dennoch plötzlich und unerwartet verstorben ist. Sie sind überrascht und traurig, denn die alte Dame war die gute Seele des Geschäfts, sie war noch jeden Tag im Laden und hat sich insbesondere um die Probleme der Mitarbeiter
70 gekümmert. Sie können sich den Betrieb ohne die Seniorchefin gar nicht vorstellen. Sie war ja immer da, hatte nach dem frühen Tod ihres Mannes die Firma so lange geführt, bis der Sohn Bernd mit dem Studium fertig war und die Geschäfte übernehmen konnte.
75 Ida Gründler hat auch Ihnen seinerzeit sehr geholfen, als sie im ersten Anlauf bei der Abschlussprüfung durchgefallen waren. Das haben Sie ihr nie vergessen. Der Geschäftsführer bittet Sie, die Beerdigung seiner Mutter zu organisieren und sich darüber hinaus auch

© marinabridger/pixabay

um die betriebliche Seite des Trauerfalls zu kümmern. 80 Sie wissen aus Gesprächen mit der alten Dame, dass sie sehr religiös war und sich eine kirchliche Trauerfeier gewünscht hat. Außerdem wollte sie nicht verbrannt werden; und auch ein anonymes Grab kam für Ida Gründler nicht in Betracht. 85

Impulse für den Unterricht

1. Was sagen Sie dem Geschäftsführer am Telefon? Was müssen Sie erfragen? *(Rollenspiel)*
2. Was ist alles zu tun? An was müssen Sie denken? Erstellen Sie je eine To-Do-Liste für die private und die betriebliche Seite.
3. Informieren Sie sich über die verschiedenen Bestattungsformen und deren Vor- und Nachteile.
4. Verfassen Sie ein persönliches Kondolenzschreiben an den Sohn und dessen Familie, in dem Sie auch zum Ausdruck bringen, was die Seniorchefin Ihnen persönlich bedeutet hat.

M 2.5 Wenn Geschäftspartner*innen sterben

Einstiegssituationen und -fragen

Der Außendienstler Ihres wichtigsten Lieferanten, der Ihren Betrieb betreut hat, ertrinkt bei einem Urlaub im Mittelmeer. Ihr Mieter stirbt plötzlich und unerwartet. Ein Kunde kommt durch eine Rauchgasvergiftung
5 ums Leben, weil einer Ihrer Mitarbeiter den Gasherd falsch angeschlossen hat.

– Welche Auswirkungen kann der Tod des Mitarbeiters eines Ihrer Dienstleister im schlimmsten Fall auf Ihr Unternehmen haben?
10 – Welche Folgen kann es haben, wenn ein Unternehmen auf einen Todesfall im Kundenkreis nicht richtig reagiert?
– Welche Hilfen können Sie den Hinterbliebenen geben, wenn bei einem Todesfall ein Verschulden des
15 Unternehmens nicht ausgeschlossen werden kann?

© Free-Photos/pixabay

M 2.5.1 Das letzte Hemd von Bankkunde Emil Reich hat keine Taschen

Lernsituation

Emil Reich ist seit Jahren ein Premiumkunde Ihrer Bank. Er hat in jungen Jahren ein Vermögen erworben, das er am Aktienmarkt mit Ihrer Hilfe und mit viel Glück stetig vermehrt hat. Emil Reich ist nicht
20 nur ein erfolgreicher, sondern auch ein misstrauischer Zeitgenosse. Und so hat er selbst seine Ehefrau nicht in seine Finanzen eingeweiht und die hat sich auch nicht dafür interessiert. Ihr Mann hatte ihr ein eigenes Konto eingerichtet, das immer ausreichend gefüllt war. Emil Reich, der mit seiner Frau Hilde zwei erwachse-
25 ne Söhne hat, hat noch kein Testament gemacht, denn er dachte, dass er noch viel Zeit hat.

Nach dem plötzlichen Tod ihres Mannes findet Hilde Reich in seinen Unterlagen die Bankverbindung und Ihre Telefonnummer als Kundenberater. Frau
30 Reich möchte von Ihnen eigentlich nur wissen, wie sie schnell an das Geld ihres verstorbenen Mannes kommt. Sie möchten natürlich verhindern, dass die Witwe das Konto von Ihrem Kreditinstitut abzieht.

© geralt/pixabay

1. Erstellen Sie im Namen der Bank ein Kondolenzschreiben an die Familie des Verstorbenen.
2. Bereiten Sie sich auf das persönliche Erstgespräch mit Hilde Reich vor. Welche Unterlagen brauchen Erben, um Zugriff auf ein Konto zu bekommen? Welche Varianten einer Bankvollmacht gibt es und welche ist für welche Situation geeignet? Welche Argumente sprechen dafür, dass die Witwe Konten und Depots bei Ihrem Geldhaus belässt? Welche Gegenargumente könnte die Witwe vorbringen?
3. Schreiben Sie als Kundenberater eine Einladung an Frau Reich zu einem Erstgespräch in der Bank oder bei ihr zu Hause.
4. Führen Sie das Erstgespräch mit der Witwe, die eigentlich das ganze Vermögen auf ihre Bank zum Kundenberater ihres Vertrauens übertragen will. *(Rollenspiel)*

M 2.5.2 Fahrgäste werden durch Unglück verletzt bzw. getötet

Lernsituation

35 Als Verkehrsunternehmen »Gute Fahrt« sind Sie leider von Zeit zu Zeit mit Suiziden konfrontiert. Ihre Mitarbeiter sind entsprechend geschult und Sie haben einen Notfallplan in der Schublade, dennoch ist jeder Fall anders. Nicht nur, dass die Zugstrecke jedes Mal
40 lange gesperrt ist und die Fahrgäste warten oder auf andere Verkehrsmittel umsteigen müssen. Auch an Ihrem Personal, vor allem an den Zugführern, geht die unfreiwillige Verwicklung in eine Selbsttötung nicht spurlos vorüber.

45 Doch dieses Mal ist es anders: Einer ihrer erfahrensten Zugführer übersieht ein Stopp-Signal und verursacht den Zusammenstoß mit einem entgegenkommenden Regionalzug. Dabei wird ein Passagier getötet, elf Fahrgäste werden – teils schwer – verletzt. Ein Unglück dieser Größenordnung ruft natürlich das Interesse aller Medien hervor. Aufgrund der polizeilichen 50 Untersuchungen stellt sich am folgenden Tag heraus, dass der Lokführer stark alkoholisiert war.

© cnort/pixabay

Impulse für den Unterricht

1. Überlegen Sie, welche Auswirkungen die unfreiwillige Verwicklung in einen Suizid auf Ihre Zugführer haben kann.
2. Was können Sie Ihren Mitarbeitern an eigener und fremder Unterstützung anbieten, wenn sie vom Suizid eines Dritten betroffen sind?
3. Wie verhalten Sie sich gegenüber dem Zugführer, der den Unfall verursacht hat?
4. Was ist im Betrieb möglicherweise falsch gelaufen?
5. Sie leiten die Pressestelle des Verkehrsunternehmens »Gute Fahrt« und sollen Ihrem Vorstandsvorsitzenden Hinweise geben, wie er sich in dem aktuellen Fall in der Öffentlichkeit zu verhalten hat. Weil Ihr Notfallplan eine solche Konstellation nicht vorsieht und die Zeit drängt, holen Sie sich mit Ihren beiden Kollegen aus dem Internet Anregungen, wie andere Unternehmen mit ähnlich schlimmen Vorkommnissen umgegangen sind, und arbeiten einen Krisenkommunikationsplan aus. *(Gruppenarbeit)*

M 2.5.3 Tragisches Ende einer Jugend-Skifreizeit
Lernsituation
Eine skibegeisterte Jugendgruppe aus einer kleinen
55 Stadt am Rande des Ruhrgebiets hat trotz Warnungen
bei schlechtem Wetter eine Skiwanderung in den ös-
terreichischen Alpen unternommen und ist von einer
Lawine verschüttet worden. Drei der jungen Leute,
die in die gleiche Berufsschulklasse gingen, und ihre
Klassenlehrerin Elvira Schlau können nur noch tot 60
geborgen werden.

© spinheike/pixabay

Impulse für den Unterricht
1. Sie sind der Inhaber des Hotels, in dem die Jugendgruppe zu Gast war. Wie können Sie gegenüber dem Rest der Jugendgruppe und gegenüber den anderen Gästen reagieren?
2. Informieren Sie als Schulsekretärin die Eltern aller Schülerinnen und Schüler über den Unglücksfall.
3. Verfassen Sie außerdem eine Information an die Klassen, in denen Elvira Schlau unterrichtet hat, über die Todesfälle und die kurzfristigen Auswirkungen auf den Unterricht (Stunden fallen aus, werden auf andere Lehrer verteilt, Stoff soll teilweise in Eigenstudium erarbeitet werden).
4. Natürlich findet das Geschehen eine große Resonanz in der regionalen und überregionalen Presse, selbst das Fernsehen kommt in die Schule. Der Bürgermeister des Heimatortes hat die Ausrichtung der öffentlichen Trauerfeier in die Hand genommen. Aber das ist der betroffenen Klasse viel zu viel Rummel. Wie könnte die Schulgemeinschaft eine »private« Trauerfeier in der Schule gestalten? (Gruppenarbeit)
5. Entwerfen Sie als Mitschülerinnen und -schüler der Verunglückten die farbliche Gestaltung eines Sargs oder einer Urne oder gestalten Sie einen Ort der Trauer und des Gedenkens im Schulgarten. (Gruppenarbeit)

M 2.6 Kindertagesstätte: Der Vater eines Kindes stirbt bei einem Verkehrsunfall

© hpgruesen/pixabay

Lernsituation

Sie arbeiten als pädagogische Fachkraft in einer zweigruppigen Kindertagesstätte in kirchlicher Trägerschaft in einer ländlichen Gegend. Sie haben sich in den letzten Wochen besonders mit Renate beschäftigt. Renate ist sechs Jahre alt, ist kleiner als alle anderen sechsjährigen Mädchen in ihrer Gruppe, sehr langsam, schüchtern und zurückhaltend, läuft oft mit gesenktem Blick umher. Sie weint schnell, spielt am liebsten allein, sucht im Konfliktfall, oder wenn sie etwas nicht hinbekommt, schnell um Hilfe bei einer Erzieherin. Vor einer Woche ist ihr Vater, der sie sehr verwöhnt hat, bei einem Verkehrsunfall während einer seiner Dienstreisen urplötzlich ums Leben gekommen. Die Familie erhielt die Nachricht nachmittags, nachdem Renate schon aus der Kindertagesstätte wieder zu Hause war. Seitdem haben Sie sie nicht mehr gesehen. Sie und die Kinder haben Renate und ihrer Mutter eine Beileidskarte geschickt. Morgen soll die Beerdigung sein, zu der Renate, wie Sie gehört haben, mitgehen soll, und ab übermorgen soll Renate wieder in die Tagesstätte kommen. Sie und ihre Kolleginnen wollen sich auf ihre Rückkehr vorbereiten.

Pädagogische Analyse

Die pädagogische Fachkraft hat es mit einer mehrdimensionalen Trauersituation zu tun: Sie muss die Trauer des Kindes, die Reaktionen der anderen Kinder und die Bestürzung und Unsicherheit der Kolleginnen und Kollegen berücksichtigen. Trauerpsychologische Kenntnisse über das Verständnis vom Tod von Kindern im Alter des Kindes und der anderen Kindergartenkinder, ihre möglichen emotionalen Reaktionen und ihr mögliches Verhalten sowie Kenntnisse über Methoden der Trauerarbeit mit Kindern und der Perspektive der übrigen Fachkräfte sind hier einzubringen. Die rasche Änderung kindlicher Gefühlszustände hält sich allerdings nicht an ein bestimmtes typisches Trauerschema. Da kleine Kinder das vollständige Ausmaß der Tragik oft noch nicht überblicken können, ist ihre Trauer meist nicht gleichbleibend intensiv. Ihre Trauer zeigt sich in immer wieder neuen Reaktions- und Ausdrucksweisen. Zu entwickeln sind sowohl kurzfristige (religions-)pädagogische Handlungsweisen und Aktivitäten als auch ein längerfristiges Konzept der Begleitung des Kindes.

Religionspädagogische Reflexion

Renate wird ihren Vater vermissen, die Lücke deutlich spüren, unter der Trauer der Mutter leiden, zu wenig Aufmerksamkeit bekommen. Ist das Kind christlich sozialisiert, wird es sich andererseits partiell getröstet fühlen durch Vorstellungen, dass der Vater bei Gott ist, es sich im Gebet an ihn wenden kann und den Vater eines Tages wiedersehen wird. Religiöse Symbole, Rituale und Hoffnungsgeschichten können sowohl den Kindern als auch den Erwachsenen bei der Bewältigung der Situation Trost und Hilfe sein.

Kompetenzen

Schülerinnen und Schüler

- wenden trauer- und entwicklungspsychologische Kenntnisse an, um sich in die Situation des Kindes einzufühlen.
- antizipieren mögliche Verhaltensweisen des Kindes und der anderen Kinder.
- nehmen das Befinden der Kinder und der Kolleginnen und Kollegen wahr und orientieren das eigene Verhalten respektvoll daran.
- unterscheiden zwischen innerem Erleben und äußerem Ausdruck eines Gefühls.
- handeln religionspädagogisch fachkompetent auf dem Hintergrund der Perspektive des Glaubens an ein ewiges Leben.
- schlagen tröstliche Symbole vor und gestalten bedürfnis- und personenzentrierte Rituale.

Anregungen für den Unterricht

1. Was bereiten Sie für Renates ersten Tag in der Einrichtung vor? Begründen Sie ihre Haltung und Ihre geplante Vorgehensweise auf dem Hintergrund trauerpsychologischer Erkenntnisse.
2. Entwickeln Sie Ziele und Handlungsideen für Ihre Arbeit mit Renate für die nächsten Wochen und begründen Sie diese differenziert.
3. Entwickeln Sie Ideen für eine Teambesprechung und ein Ritual im Team für den morgigen Tag.

M 2.7 Veränderung, Verlust, Trennung im Kontext der Heilerziehungspflege

Lernsituation

Karla Schmidt, 31 Jahre, spastische Parese und früh-kindlicher Hirnschaden, wohnt bei ihren Eltern, 71 und 75 Jahre alt, und arbeitet in der »Werkstatt für Menschen mit Behinderung« (WfMB). Seit einem Jahr verfolgt sie als gläubige junge Frau den Bau eines Wohnhauses in kirchlicher Trägerschaft, in welches sie demnächst einziehen wird. Aufgrund der Entfernung des Wohnhauses zu ihrer bisherigen Arbeitsstelle wird dann auch der Wechsel in eine andere WfMB erfor-derlich. Frau Schmidt geht neuerdings mit gesenktem Kopf und hochgezogenen Schultern durch die Werk-statt, spricht von sich aus keine Kollegen mehr an, gibt ohne erkennbaren Anlass Schreie von sich und wirft Gegenstände durch die Gruppe. Wenn sie von ihrem Vater abgeholt wird, läuft sie auf ihn zu und umarmt ihn lange. Den Betreuern gegenüber spricht sie oft von ihren Eltern. Die Berufspraktikantin soll Frau Schmidt wegen ihres veränderten Verhaltens eng begleiten.

Pädagogische Analyse

Die beschriebene Situation ist eine, die von mehrfa-chem Verlust und mehrfachem Neubeginn gekenn-zeichnet ist. Die junge Frau muss sich von ihren Eltern trennen, zunächst zeitweise, perspektivisch grundsätz-lich, sodann an einen neuen Ort ziehen, was soziale und räumliche Veränderungen mit sich bringt, und eine neue Arbeitsstelle antreten, was ebenfalls eine veränderte Umgebung, neue Kolleginnen und Kolle-gen und neue Tätigkeiten nach sich zieht. Hier liegt eine Übergangssituation vor, in der es um Ablösung, Verselbstständigung, eine komplette Umgestaltung des eigenen Lebens geht. Pädagogisch geht es um Verab-schiedung, Gewährleistung von Kontinuität und Neu-orientierung. Zu beachten sind biografische Aspekte, Grad der Behinderung, Motivation, Einstellung und Verhalten der jungen Frau und ihre pädagogische Be-gleitung. Ihre Situation ist eine ambivalente: Einerseits ist es entwicklungspsychologisch an der Zeit, dass sie von zu Hause auszieht, andererseits ist sie wegen der vielfältigen Umbrüche verunsichert.

Religionspädagogische Reflexion

In einer transitorischen Situation braucht es ein Zu-trauen von Menschen, dass Phasen getrost hinter sich gelassen werden können und man sich auf neue Ent-wicklungen einlassen kann, dass Wendungen prinzi-piell entwicklungsförderlich und gut sind und man sich einer gewissen Führung und Begleitung anver-trauen kann. Für gläubige Menschen gibt es die Mög-lichkeit des Gebets, der Symbole und Rituale und des Gottvertrauens, die Sicherheit und Zuversicht geben können.

Kompetenzen

Schülerinnen und Schüler
– fühlen Sie sich in die Situation der jungen Frau ein.
– verstehen ihre Ausdrucksformen von Trauer.
– stellen adäquate Symbole und Rituale zur Verfü-gung, mithilfe derer die junge Frau Abschied neh-men und sich auf den Neubeginn einlassen kann.
– entwickeln ressourcen- und bedürfnisorientierte Handlungsideen.

Anregungen für den Unterricht

1. Analysieren Sie die beschriebene Situation.
2. Erörtern Sie zunächst die Zielsetzungen eines Handlungskonzepts.
3. Entwickeln Sie in arbeitsteiliger Gruppenarbeit ein Handlungskonzept aus je unterschiedlichen Perspekti-ven, sei es als Betreuerin in der bisherigen Werkstatt, als Betreuer in der künftigen Werkstatt, als Betreue-rin in dem Wohnhaus, in das die junge Frau ziehen wird, oder auch als Freundin der Familie.

© 2020, Vandenhoeck & Ruprecht GmbH & Co. KG, Theaterstraße 13, 37073 Göttingen

M 2.8 Abtreibung wider Willen

Sie arbeiten mit anderen Auszubildenden in einem Unternehmen. Eine Mitauszubildende, 21 Jahre, mit der Sie sich gut verstehen und hin und wieder über private Themen sprechen, kam Ihnen seit einiger Zeit un-
5 konzentriert und mit ihren Gedanken ganz woanders vor. Auf Ihre Frage, was los sei, antwortete sie nur, es gehe ihr nicht so gut. Nach-
10 dem sie eine Woche gefehlt hatte, erschien sie gestern wieder an ihrem Arbeits- platz, wirkte blass und nie- dergedrückt und vollkom-
15 men in sich gekehrt. Ihre Versuche, mit ihr ins Ge- spräch zu kommen, blieben erfolglos. An dem einmal im Monat stattfindenden Azubi-
20 Stammtisch am gestrigen Abend nahm sie auch nicht teil, obwohl sie sonst an solchen Abenden gut in Form war und viele Gesprächsthemen beisteuerte. Als Sie ihr heute vorschlugen, in der Mittagspause zusam-
25 men spazieren zu gehen, sagte sie zu. Im Park brach es aus ihr heraus: »Ich bin vollkommen am Boden zer- stört. Ich war schwanger und mein Freund hat mir ge- droht, mich zu verlassen, wenn ich das Kind bekomme. Eigentlich hätte ich das Kind gerne gehabt. Wir woh-
30 nen ja auch schon seit einem Jahr zusammen und wol- len ja auch zusammenbleiben und unsere Wohnung ist eigentlich auch groß genug, aber er hat gesagt, er hat noch keinen Bock auf ein Kind. Ich hatte solche Angst, ihn zu verlieren! Und da bin ich zu einer Be- ratungsstelle gegangen, die mir Adressen gegeben hat 35

© xusenru/pixabay

und dann habe ich es wegmachen lassen. Und jetzt fühle ich mich so dreckig und so schuldig und dauernd sehe ich irgendwelche Frauen mit Kinderwagen und denke daran, dass ich mein Kind nicht im Kinderwa- gen umherschieben werde. Und im Moment schlafe 40 ich bei meinen Eltern, weil ich das Zusammensein mit meinem Freund nicht ertrage. Ich bin vollkommen am Ende. Würde am liebsten gar nicht mehr zur Arbeit kommen und mich nur noch vergraben.«

Think – Pair – Share

1. Beschreiben Sie Situation und Emotionen der jungen Auszubildenden, die im Betrieb so verändert er- scheint.
2. Nehmen Sie die Perspektive der Mitauszubildenden ein und erläutern Sie begründet, wie Ihre erste Reak- tion auf die Mitteilung ausfallen könnte.
3. Inszenieren Sie in Partnerarbeit ein Rollenspiel, in dem die Kollegin ein sensibles Gespräch mit ihrer trauernden Mitauszubildenden führt. Spielen Sie die Situation zweimal durch und wechseln Sie jeweils die Perspektive.
4. Überlegen Sie mögliche erste Schritte der Mitauszubildenden, um die Situation zu verarbeiten und reflek- tieren Sie, wie Sie sie unterstützen könnten.
5. Stellen Sie die Ergebnisse im Plenum vor.

3 Grundlegende Aspekte von Begleitung und Seelsorge

von

Alexander Grodensky

Birgit van Elten

Naciye Kamcili-Yildiz

Sabine Lindemeyer

Monika Marose

Begegnung in Zeiten der Trauer aus jüdischer Perspektive

Heutzutage haben viele Menschen – und Juden sind hier keine Ausnahme – sehr oberflächliche Vorstellungen von ihrer eigenen Religion. Unsere Aufgabe ist es, Menschen dabei zu helfen, mit ihrer Trauer umzuge-
5 hen. Manchen hilft dabei, sich traditionellen Ritualen und Texten hinzuwenden. Bei anderen ist genau das kontraproduktiv. Entscheidend ist für uns, mit allen Sinnen zu erkennen, welcher Weg für die Trauernden der passende ist.

10 Das Judentum hat viele Gesichter. Vor allem seit dem Beginn der jüdischen Emanzipation und der Aufklärung im 18. Jahrhundert in Europa gibt es sehr viele Formen der jüdischen Theologie und Praxis. In fast allen Bereichen der jüdischen Lehre finden sich ganz
15 unterschiedliche Positionen. Sogar der Glaube an einen personifizierten Gott ist nicht mehr selbstverständlich und wird von manchen jüdischen Theologen abgelehnt. Das erschwert den Umgang mit Juden. Oft werden Juden als Exoten dargestellt, mit großen
20 schwarzen Hüten, langen Bärten und Schläfenlocken (hebr. »Peot«, »Pejes«), die sich rhythmisch im Gebet wiegen. Diese orthodoxen Juden stellen mit einem Anteil von weniger als 10 % weltweit nur eine kleine Minderheit dar. Die Wahrscheinlichkeit, in Deutsch-
25 land solche Juden zu treffen, ist gering. Nicht alle Juden sind religiös. Und manche religiöse Juden werden sich nicht selbst als religiös bezeichnen, weil sie meinen, dass dieser Begriff von christlichen Vorstellungen geprägt ist und sie daher nur unzureichend be-
30 schreibt. Viele Juden sehen sich der jüdischen Kultur verbunden, ohne sich in Fragen nach Gott und Religiosität vertiefen zu wollen. Manche Besucher einer Synagoge bezeichnen sich als areligiös oder sogar als atheistisch. Sie kommen hauptsächlich aus sozialen
35 und kulturellen Gründen in die Synagoge.

Viele Juden sprechen kein Hebräisch oder sprechen es nicht fließend. Einige können Gebete auf Hebräisch lesen und verstehen. Jedoch empfinden viele ein Gebet auf Deutsch als nicht authentisch und bestehen darauf,
40 es auf Hebräisch zu rezitieren. Hebräisch hat einen besonderen Klang, der emotionale Verbundenheit mit den vorigen Generationen und mit Juden weltweit

schafft. Zudem bieten Gebete auf Hebräisch einen Raum für Mehrdeutigkeit, der es auch areligiösen Menschen ermöglicht, eine persönliche Bedeutung 45 und somit individuell Trost zu finden.

Die meisten Juden kommen nicht aus dem Staat Israel und leben auch nicht dort, obwohl sie viele Verwandte in Israel haben.

הוא היה אומר: 50
אם אין אני לי, מי לי?
וכשאני לעצמי, מה אני?
ואם לא עכשיו אימתי?

»(Hillel) sagt: Wenn ich nicht für mich bin, wer ist dann für mich? Und wenn ich (nur) für mich 55 bin, was bin ich? Und wenn nicht jetzt, wann?« *Prikei Avot, I.14*

Ein Satz auf Hebräisch (Beispiel)

Es ist nicht zielführend zu versuchen, Menschen in 60 Trauer darüber »aufzuklären«, wie das Judentum »eigentlich« ist. Das ist zwar gut gemeint, führt aber in der Regel zu Irritationen. Am besten werden Fragen möglichst offen gestellt, um die individuellen Bedürfnisse der Betroffenen zu erkennen.

65

Traditionell gibt es vier Trauerphasen, die insgesamt ein Jahr dauern und während derer die Intensität der Trauer graduell sinken soll. Nicht alle Juden halten es für notwendig, alle Phasen der Trauer zu praktizieren:
1. zwischen Todeseintritt und Begräbnis, wenn sich 70 die Familie hauptsächlich mit den Vorbereitungen für das Begräbnis beschäftigt;
2. sieben Tage (Schiwa) oder mindestens drei Tage nach dem Begräbnis;
3. dreißig Tage (Schloschim) nach dem Begräbnis; 75
4. bis zur ersten Jahrzeit (ein Jahr nach dem Begräbnis).

Die Schiwa ist die intensivste Phase der Trauer. Traditionell soll man »Schiwa sitzen«, also zu Hause bleiben und sich der Trauer widmen. Freunde und Gemeindemitglieder besuchen die trauernde Familie und stel- 80 len sicher, dass sie genug zum Essen im Haus haben und auch sonst gut versorgt sind. Traditionell dürfen die Trauernden in der Schiwa-Phase an den Werktagen nicht die Synagoge besuchen. Stattdessen werden

85 zumindest einmal täglich Gottesdienste mit dem nötigen Quorum von zehn Personen im Haus der trauernden Familie gehalten. Heutzutage bevorzugen es manche Familien, Gottesdienste auch in der Schiwa-Phase in der Synagoge abzuhalten.

90 Prinzipiell wird im Judentum Spekulationen über das Jenseits oder das Leben nach dem Tod nur wenig Raum gegeben. Das Judentum orientiert sich stark am Hier und Jetzt. Diese diesseitige Orientierung wird von manchen als Mangel gesehen, weil sie wenig Hoffnung auf ein Happy End bietet, wenn das gelebte Leben mi- 95 serabel ist. Allerdings sorgt die diesseitige Orientierung des Judentums dafür, dass Juden sowohl kollektiv wie auch individuell Verantwortung dafür übernehmen, diese Welt in Ordnung zu bringen, anstatt sich damit zu begnügen, dass es im »Leben danach« ohne- 100 hin besser oder das Leiden in diesem Leben durch eine Belohnung im nächsten Leben vergolten wird. Aussagen wie »er ist jetzt in einer besseren Welt« sind also kaum mit der jüdischen Theologie vereinbar.

© Tamar_Tal/pixabay

1. Wie stellen Sie sich Juden vor? Kennen Sie eine Jüdin bzw. einen Juden persönlich?
2. Recherchieren Sie die jüdische Gemeinde in Ihrem Ort oder Ihrer Region. Was fällt Ihnen auf? Welche Sprachen werden gesprochen? Wie groß ist der Anteil der Emigranten aus der ehemaligen UdSSR in der Gemeinde?
3. Erläutern Sie die Grundlagen der Trauerbegleitung aus einer jüdischen Perspektive.

Ein Tipp: Lesen Sie die Broschüre »Judentum verstehen«, herausgegeben von »SympathieMagazine«:

Kurzlink: https://bit.ly/2KMG6ag – oder:
https://www.fairunterwegs.org/shop/produkt/?tt_products%5BbackPID%5D=4342&tt_products%5Bproduct%5D=59&cHash=e3c470e53996413c981a0e8f90bc15b1

In dieser kleinen Broschüre ist es gelungen, die Vielfalt des Judentums (auch im Bildmaterial) zu vermitteln.

M 3.2 Begegnung in Zeiten der Trauer aus christlicher Perspektive

Große Umarmung: © Christiane Vincent-Poppen, Lichtgeste, 2003, Foto: Fides Frühwirth

Seelsorge ist eine christliche Grundhaltung. Sie ist nach kirchlichem Verständnis nicht an Spezialisten gebunden, sondern Auftrag der gesamten Gemeinschaft. Konkret heißt das: Jede und jeder soll ihrem
5 bzw. seinem Nächsten Seelsorgerin bzw. Seelsorger sein (vgl. Mt 25,35 ff.). Niemand soll allein bleiben müssen in Situationen, die die Seele belasten. Seelsorge ist Beziehungsarbeit.

Für die Seele belastend und Trauer auslösend sind
10 Erfahrungen von Verlust, Trennung, Krankheit und Tod. Seelsorgliche Aufgaben im Trauerfall sind im Wesentlichen: Anteil nehmen am Leiden der bzw. des Trauernden, sie oder ihn trösten und ihr oder ihm Hoffnung geben, dass Leid und Tod nicht das letzte Wort haben.

15 Um Trauernden seelsorglich begegnen zu können, ist es notwendig, selbst Trauer als ein zum Leben gehörendes Gefühl anzunehmen. Daraus folgt die seelsorgliche Aufgabe, dafür einzustehen, dass Menschen ein Recht auf Trauer haben. Zu den besonderen seelsorglichen Kompetenzen gehört, Räume zu öffnen 20 und Formen anzubieten, die Trauernden helfen sich auszudrücken. Vom seelsorglichen Gespräch über die Gestaltung eines Trauerortes bis hin zu einer Andacht gibt es dafür vielfältige Möglichkeiten.

Seelsorge im Trauerfall bedeutet also, Menschen 25 in ihrer Trauer anzunehmen, ihnen beizustehen und Möglichkeiten anzubieten, sich mit ihrer Trauer auseinanderzusetzen. So werden Trauernde gestärkt auf ihrem Weg durch die Trauer hindurch.

Neben dem allgemeinen Seelsorgeauftrag, der für 30 alle Christinnen und Christen gilt, gibt es im Bereich der Seelsorge besondere Kompetenzen. So sind z. B. im Militär, bei der Polizei, in Krankenhäusern und Schulen speziell dafür ausgebildete Seelsorgerinnen und Seelsorger der evangelischen und katholischen 35 Kirche im Dienst.

1. Erläutern Sie Seelsorge nach christlichem Verständnis.
2. Recherchieren Sie das Seelsorgeangebot im öffentlichen Raum.

M 3.3 Begegnung in Zeiten der Trauer aus islamischer Perspektive

Nigar Yardim ist islamische Theologin und als Referentin im Rahmen islamischer Seelsorge tätig. Das folgende Interview mit Frau Yardim führte die islamische Religionspädagogin Naciye Kamcili-Yildiz am
5 25.07.2019 in Duisburg.

Frau Yardim, die »Christlich-Islamische Gesellschaft« bietet in Zusammenarbeit mit der Evangelischen Kirche im Rheinland (EKiR) und Islamischen Organisationen einen Grundkurs für die islamische Notfall-
10 *begleitung an. Sie sind als Dozentin mehrmals bei der Ausbildung von muslimischen Ehrenamtlerinnen und Ehrenamtlern beteiligt gewesen. Worum geht es bei dem Kurs?*

Der Kurs befähigt die Teilnehmerinnen und Teil-
15 nehmer zu einem professionellen Handeln bei Notfalleinsätzen, bei denen Muslime involviert sind. Es geht vor allem um die Versorgung der Angehörigen von Opfern, die Beistand brauchen. Neben den theoretischen Voraussetzungen sowie fachlichen Inhalten
20 und praktischen Erfahrungen lernen die Teilnehmer auch islamspezifische Inhalte wie Theologie des Notfalls und Gebete und tröstende Worte im Umgang mit Angehörigen nach einem Todesfall kennen.

Um welche Fragen geht es dabei?

Ein Notfall, bei dem Menschen ihr Leben verlieren, 25
ist für Hinterbliebene häufig mit vielen Belastungen verbunden. Oftmals kommen zu diesen psychischen Belastungen Kommunikationsschwierigkeiten mit den Einsatzkräften wegen mangelnder Sprachkenntnisse oder Irritationen aufgrund der anstehenden Aufgaben, 30 die erledigt werden müssen, hinzu. Damit der Trauerfall keinen bleibenden Schaden hinterlässt und die Abläufe im vorgesehenen Rahmen reibungslos erfolgen können, gilt es einerseits den Angehörigen, soweit es geht, Beistand zu leisten und sie in den ersten Stun- 35 den nach dem Trauerfall zu begleiten, und andererseits den Einsatzkräften bei wichtigen Fragen beratend zur Seite zu stehen.

Wie sehen die Einsätze der Notfallbegleiterinnen und -begleiter aus und wie kann man sich den Ablauf eines 40 *solchen Einsatzes vorstellen?*

Zu den Einsatzindikationen zählen vor allem das Überbringen von Todesnachrichten, häuslicher Tod, plötzlicher Kindstod oder Suizid. Wenn die Einsatzkräfte verspüren, dass der Einsatz eines muslimischen 45 Notfallbegleiters von Vorteil ist, wird dieser im Sinne

© fadlyhjhalim/pixabay

einer Nachalarmierung gerufen. Es kann aber auch sein, dass es schon des Öfteren zur Zusammenarbeit zwischen dem Notfallbegleiter und anderen Helfern gekommen ist und der Notfallbegleiter bereits zu Beginn gerufen wird, wenn absehbar ist, dass seine Vermittlung nötig ist. Vor Ort leistet er dann den Angehörigen Beistand, klärt sie über die Abläufe auf und vermittelt nicht selten zwischen den Einsatzkräften und den Hinterbliebenen.

Was ist der Unterschied zwischen Notfallseelsorge und Notfallbegleitung?

Als die »Christlich-islamische Gesellschaft« die Idee hatte, Muslime schulen zu lassen, damit die Notfallseelsorge für Muslime auch mit Muslimen erfolgt, wurde über Begriffe diskutiert und überlegt, wie die muslimischen Einsatzkräfte genannt werden können. Ich habe die Meinung vertreten, dass aus islamischer Perspektive nicht von Seelsorge gesprochen werden kann, weil die Sorge für die Seele dem Einzelnen selbst obliegt. Das heißt, es darf und kann keinen Vermittler zwischen mir und Gott geben, sondern ich muss meine Angelegenheiten selbst klären. Außenstehende können nur Beistand oder Begleitung leisten. Außerdem ist der Begriff »Seelsorge« traditionell christlich geprägt und das sollte auch so bleiben. Muslime kennen eher das Fürsorgeprinzip für Arme und Bedürftige.

Wo ist dieser Dienst aus islamischer Sicht einzuordnen?

In islamischen Gesellschaften ist es Tradition, sich um Menschen in Not im Rahmen der Familien- und Nachbarschaftshilfe zu kümmern. Solche Dienste zählen zu den Fard Al Kifaya, das heißt, es ist Aufgabe von allen Muslimen, sich um ihre Schwachen zu kümmern. Wird diese Aufgabe von einigen erledigt, entfällt die Pflicht dazu von den anderen. Was Muslime in Deutschland noch lernen sollten, ist, sich nicht auf diese altbewährten Instanzen zu verlassen, sondern die Fürsorge zu institutionalisieren, weil auch diese Instanzen nicht mehr so gut funktionieren wie früher. Die Notfallbegleitung ist eine solche institutionalisierte Form der islamischen Fürsorge.

1. Beschreiben Sie die wesentlichen Aufgaben einer Notfallbegleitung bei einem Einsatz.
2. Erläutern Sie das Fürsorgeprinzip in islamischen Gesellschaften.
3. Diskutieren Sie, inwieweit das Fürsorgeprinzip in einer modernen Gesellschaft greifen kann und welche Schwierigkeiten sich in der Umsetzung ergeben können.

M 3.4 Das Problem der Theodizee

Angesichts der Unermesslichkeit des Leids von Sterbenden und Trauernden ist die Frage nach dem »Warum« zentral. Gläubige Menschen bringen diese vor Gott. Dies ist in Judentum, Christentum und Islam nicht anders. Menschen möchten verstehen, wie es erklärbar sei, dass Gott Gewalt und Tod, unermessliches Leid und tiefe Verzweiflung zulässt. Was ist das für ein Gott? Auch religionsfreie Menschen stellen selbstverständlich die Frage nach dem Warum. Das verständliche Aufbegehren und Hinterfragen von Tod und Gewalt wird in verschiedenen Arbeitsblättern und in interreligiöser Perspektive thematisiert.

M 3.4.1 Aus jüdischer Perspektive
Text 1

»Welche Art von Gott ist es wert, verehrt zu werden?« Ich bin mir nicht sicher, ob die Antwort lautet: Ein Gott, der die ganze Welt kontrolliert und alles tun kann. Ich bin mir sogar ziemlich sicher, dass das nicht die Antwort ist. Ein Gott, der mit Macht Gehorsam erzwingt, kann keine Liebe befehlen. Ein Gott, der das Leben eines sterbenden Kindes schonen, der ein Erdbeben verhindern könnte, sich aber dagegen entscheidet, kann zwar unsere Angst und unsere kalkulierte Ehrerbietung hervorrufen, verdient aber unsere Liebe nicht. Wahrscheinlich musste man in einer Welt der Tyrannen und Despoten darauf beharren, dass Gott mindestens so stark ist wie alle irdischen Herrscher, die über Leben und Tod bestimmten und deren Wille keine Herausforderung duldete. Aber warum sollten wir heute die Macht als das höchste Gut verehren?

Wir erinnern uns an das alte Trilemma: Gott ist gut. Gott ist mächtig. Das Böse ist real. Die meisten Theologen, Amateure wie Profis, lösen dieses Problem, indem sie die Realität des Bösen leugnen. (›Es gab einen guten Grund für das, was passiert ist. Gott weiß, was er tut. Auf lange Sicht wird es dir besser gehen.‹) Einige bezweifeln, dass Gott gut ist, so wie uns die Bedeutung dieses Begriffes beigebracht wurde. (›Gott kann nicht durch Überlegungen begriffen werden, die menschlichen Bedürfnissen oder Moral entstammen. Gottes Verstand wirkt auf andere Weise als unser Verstand.‹) Ich habe mich dazu entschlossen, dieses Trilemma zu lösen, indem ich frage: ›Was ist so toll daran, allmächtig zu sein?‹ Etwas Macht ist zweifellos gut, und völlig machtlose Menschen können verzweifelt werden. Aber die totale Macht ist schlecht. Macht isoliert. Ich kann mir keinen verehrungswürdigen Gott vorstellen, der von kriechendem Gehorsam lebt. Erinnern Sie sich an die ungemein bewegenden Passagen in Hosea und Jeremia, in denen Gott als einsam dargestellt wird, weil es niemanden gibt, der ihn liebt. Macht und Liebe können sich durchaus gegenseitig ausschließen. Wir können einen allmächtigen Gott fürchten, aber wir können Ihn nicht lieben, weil Liebe zwischen Gleichen existiert, zwischen Wesen, die, wenn schon nicht gleich an Macht, zumindest ein gegenseitiges Bedürfnis nach einander haben.

Kushner, H.S. (1996): Would an All-Powerful God Be Worthy of Worship? In: S. Lubarsky/D. Griffin (Hg.): Jewish Theology and Process Thought (S. 89–91). New York. (dt. Übersetzung: A. Grodensky)

1. Auf welche Weise löst der Autor das Trilemma zwischen Gottes Güte, Allmacht und der Realität des Bösen?
2. Wie stellen wir uns Gott vor? Welche Erfahrungen beeinflussen unsere Gottesvorstellungen?

Text 2

Absolute, totale Macht bedeutet Macht, die durch nichts begrenzt ist, nicht einmal durch die Existenz von etwas anderem überhaupt […]. Denn die bloße Existenz eines solchen anderen würde schon eine Begrenzung darstellen […] »Macht« ist ein Verhältnisbegriff […] Macht kommt zur Ausübung nur in Beziehung zu etwas, was selber Macht hat. […]

[B]ei dem wahrhaft und ganz einseitig Ungeheuerlichen [der Schoa], das unter seinen Ebenbildern in der Schöpfung dann und wann die einen schuldlos andern antun, dürfte man wohl erwarten, dass der

gute Gott die eigene Regel selbst äußerster Zurückhaltung seiner Macht dann und wann bricht und mit
70 dem rettenden Wunder eingreift. Doch kein retten-
des Wunder geschah; durch die Jahre des Auschwitz-
Wütens schwieg Gott […]. Und da sage ich nun: nicht

weil er nicht wollte, sondern weil er nicht konnte, griff
er nicht ein.

Jonas, H. (¹⁵2016): Der Gottesbegriff nach Auschwitz. Eine
jüdische Stimme. Frankfurt/M., S. 34, 35, 41.

1. Wie erklärt der Autor die Macht?
2. Wie verstehen Sie den letzten Satz »nicht weil er nicht wollte, sondern weil er nicht konnte, griff er nicht
   ein«? Was sagt das über Gott aus?

Text 3
Vor einigen Jahren ereignete sich eine Tragödie im
Herzen der Gemeinschaft […]. Bei Joel […] Student,
75 Ehemann, Vater, Musiker und Freund wurde eine
schwere Krankheit diagnostiziert. Sein Kampf war
tapfer und die Studenten, Dozenten und Mitarbeiter
versammelten sich um ihn und seine Familie, aber er
erlag schließlich der Unerbittlichkeit der Krankheit
80 und starb. Nach seinem Tod fühlten sich mehrere Mitglieder der Gemeinschaft unfähig zu verstehen, wie
Gott das hatte geschehen lassen können. Einige sprachen davon, sich verraten zu fühlen oder nicht beten
zu können. […]

85 Der Mensch, ja die ganze Schöpfung, ist das Ergebnis
sowohl der eigenen Entscheidungsfindung Gottes als
auch unserer eigenen Entscheidungsfindung als Mit-
schöpfer. Gott, der sich dafür entschieden hat zu erschaffen, hat uns erschaffen. Das bedeutet, dass unsere
90 Unabhängigkeit nicht nur illusorisch oder flüchtig ist.
Wir haben zusammen mit der ganzen Schöpfung eine
wirkliche Handlungsfähigkeit und die Entscheidungen, die wir treffen, sind wirklich von Gott ungehin-
dert, unprogrammiert und unvorhersehbar. Gott ist
95 genauso empfänglich für Überraschungen und Ent-
täuschungen wie wir. Das Universum entfaltet sich

nach seiner eigenen inneren Logik, basierend auf den
Prämissen der Physik und des Kosmos. Gott kann und
wird sie nicht auf der Grundlage moralischer Normen 105
aussetzen. […]

Wenn Gott der Schöpfung wirklich die Fähigkeit zur
Entscheidungsfindung überlassen hat, dann hat Gott
Joel nicht getötet […]. Gott findet sich nicht in der
Aussetzung der Naturgesetze, sondern im Eindringen 110
von Neuheit und Überraschung in normal etablierte
Muster, in die beständige Natur der Hoffnung und die
verwandelnde Kraft der Liebe, eine Kraft, die über-
zeugend und nicht zwingend ist. Ich sah, wie Gott mit
Joels Kampf sehr beschäftigt war – in Momenten des 115
Lachens und Singens, in der Kraft der Beziehung, die
uns alle als Gemeinschaft verband und Joel durch seine letzten Minuten verbunden hielt, in der Entschlos-
senheit da zu sein, mit und für seine Familie während
und nach der Leidenszeit. Ich hatte nie erwartet, dass 120
Gott ein Ergebnis garantiert oder die Realität aufhebt.
Ich hatte erwartet, Gott in der beständigen, konstanten
Verlockung zu Entscheidungen und Verantwortung zu
finden. Und diese Erwartung hat Gott nicht enttäuscht.

Artson, B.S. (2016): God of Becoming and Relationship. The
Dynamic Nature of Process Theology. Woodstock, S. 130–
132. (dt. Übersetzung: A. Grodensky)

1. Wie erklärt der Autor das Verhältnis zwischen Gott und einer Krankheit?
2. Wie verstehen Sie, dass die ganze Schöpfung »eine wirkliche Handlungsfähigkeit« hat, um eigene Entscheidungen zu treffen? Welche Konsequenzen bringt die Freiheit der Schöpfung in Bezug auf die Rolle Gottes
   im Leiden eines Menschen?

M 3.4.2 Aus christlicher Perspektive
Leiderfahrungen gehören zu den Grenzsituationen
des menschlichen Daseins. Menschen geraten an die
Grenzen ihres Könnens, Denkens, Ertragens. Müh-
100 sam aufgebaute Sicherheiten tragen nicht mehr. Vieles

wird infrage gestellt, nicht zuletzt Gott. Wie lässt sich 125
der Glaube an einen allmächtigen, gütigen Gott ver-
einbaren mit unsagbarem Leid und himmelschreien-
der Ungerechtigkeit in der Welt? Was ist das für ein
Gott, der solches zulässt? Kann ich an einen solchen

130 Gott überhaupt noch glauben? Wenn es ihn gibt und er solches zulässt, kann er doch gar nicht so gütig sein, wie die Religion uns immer weismachen will. Oder aber er kann gegen Unheil und Leid gar nichts ausrichten, dann ist er auch nicht so allmächtig, wie
135 immer behauptet wird. Das heißt, es gibt drei Möglichkeiten, Gott aufgrund der Theodizee-Problematik infrage zu stellen:
– seine Allmacht
– seine Güte
140 – seine Existenz

Die Theodizee-Problematik wird oft als der Felsen des Atheismus bezeichnet. Der Begriff kommt zum ersten Mal im ausgehenden 17. Jahrhundert bei dem Philosophen *Gottfried Wilhelm Leibniz* vor, der Gott dadurch
145 rechtfertigt, dass er immerhin die bestmögliche aller Welten geschaffen habe. Die Problematik ist jedoch schon aus der Antike bekannt. Seit Menschengedenken wird die Frage nach der Rechtfertigung Gottes angesichts von Leid und Elend gestellt. Es gibt unzählige
150 Antwortversuche auf die Theodizee-Frage. Keiner dieser Versuche kann jedoch restlos überzeugen.
a. Die *ontologische Depotenzierung* des Leides: Das Leid und das Böse an sich gibt es gar nicht, es wird nur durch unsere Deutung dazu.

b. Die *Ästhetisierung des Negativen:* Leid ist ein notwendiger Kontrast. Wenn wir nicht das Negative 170 hätten, könnten wir das Positive nicht schätzen.
c. Die *Instrumentalisierung des Leides:* Das Leid ist doch gut im Hinblick auf ein höheres Ziel.
d. Die *Pädagogisierung des Leidens:* Das Leid dient der Erziehung und Reifung des Menschen. Menschen 175 haben eine integriertere Persönlichkeit, wenn sie durch Leid hindurchgegangen sind.
e. Die *Moralisierung des Leidens:* Der Mensch ist frei, bleibt im Missbrauch seines freien Willens hinter dem Guten zurück und entscheidet sich für das 180 Böse.
f. Eine wichtige *Antwort aus dem Buch Hiob:* Im Leiden kann der Mensch eine Gotteserfahrung machen, die so groß und überwältigend ist, dass die Frage nach dem Warum überhaupt nicht mehr 185 wichtig ist. Die Gotteserfahrung selbst ist größer als alle kognitiven Zusammenhänge.
g. Eine wichtige *christliche Antwort:* Wenn Gott in Jesus Christus Mensch geworden ist, ist er selber am Kreuz für die Menschen gestorben. Er solidarisiert 190 sich dort mit den Menschen, wo das Leid am größten ist. Er ist ein sympathischer, mitleidender Gott. Durch das Mitleiden Gottes erwachsen dem Menschen Kräfte, die ihn befähigen, das Leid zu tragen.

1. Lesen Sie den Text über die Theodizee-Problematik und klären Sie die Bedeutung der Fachbegriffe.
2. Geben Sie die Grundgedanken der Theodizee-Frage mit eigenen Worten wieder.
3. Finden Sie Beispiele aus Ihrem Alltag, Bekanntenkreis oder Arbeitsbereich, wie diese Frage entstehen kann. Zeichnen Sie die dahinterstehenden Gedankengänge sensibel nach.
4. Lesen Sie die Antwortversuche. Suchen Sie spontan zwei heraus, die Sie ansprechen. Begründen Sie, warum Sie sich davon angesprochen fühlen.

M 3.4.3 Aus islamischer Perspektive
155 Krankheiten, der plötzliche Tod eines geliebten Menschen, der Verlust des Arbeitsplatzes u. a. sind Erfahrungen im Leben der Menschen, die Angst, Furcht oder auch Schmerz hervorrufen. Warum greift Gott nicht ein und warum lässt er das Leid zu? Wie passt
160 das überhaupt mit seiner Barmherzigkeit zusammen? Innerhalb der islamischen Theologie gibt es unterschiedliche Ansätze angesichts des Problems des Leids auf der Welt. Die im Folgenden beschriebene Vorstellung ist zwar in sufistischen Traditionen entstanden,
165 hat jedoch auch Eingang gefunden in vielen muslimischen Bevölkerungsschichten.

Der Koran beschreibt, dass das Leid als menschliche Grunderfahrung zum Leben dazugehört. So wird u. a. in der 2. Sure, Verse 155 und 156, beschrieben, 195 dass Gott den Menschen mit Furcht, Hunger oder dem Verlust des Vermögens prüfen wird. Beendet wird der Vers damit, dass diejenigen, die dieser Herausforderung standhalten, die Geduldigen sind. Damit wird Geduld als eine ethische Tugend gewürdigt; sie ist eine 200 Art Schlüssel, um dem Verlust von Besitz, Leben und Sicherheit zu begegnen. Geduld als Reaktion auf Leid heißt hier nicht nur, die Dinge passiv hinzunehmen, sondern die Reaktion hat auch eine zeitliche Komponente, um dem Leid mit Ausdauer, Widerstandskraft 205 oder Standhaftigkeit zu begegnen. Die Fähigkeit, im Leid geduldig zu sein, bedeutet dessen Annahme im Vertrauen auf den Erbarmer. Geduld ist ein Zeugnis von innerer Reife und geistiger Größe.

210 Gerade in der islamischen Mystik ist das Leiden für die spirituelle Entwicklung des Menschen unverzichtbar. Dort ist Geduld als Bestreben zu verstehen, das Herz zu veredeln, indem man sich an Gott erinnert und sich für seine Liebe öffnet.

215 Im Koran wird Geduld häufig mit dem Gebet in Verbindung gebracht: »O, Ihr Gläubigen! Sucht Hilfe in der standhaften Geduld und im Gebet: denn, siehe, Gott ist mit jenen, die geduldig in Widrigkeit sind« (Sure 2; Vers 153). Dieser Vers zieht eine Ver-
220 bindungslinie zu Gott, indem der Gläubige die Nähe Gottes durch das Gebet sucht und in der Hinwendung zu Gott Trost und Nähe erfährt – eine Erfahrung, die

helfen kann, das Leid in Worte zu fassen und auch Gott gegenüber nicht zu verschweigen.

Welche Erklärung gibt es aber beispielsweise für die unermessliche Gewalt, die Menschen auf dieser Erde 235 angetan wird? Der Koran appelliert an mehreren Stellen an die Verantwortung aller Menschen, sich bereits im Vorfeld aktiv dafür zu engagieren, dass Unrecht gar nicht erst entsteht. Für den Fall, dass Unrecht geschieht, ist es Aufgabe aller, auf die Betroffenen zu- 240 zugehen und ihnen durch Unterstützung größtmöglichen Trost zu spenden. Am Ende bleibt die Hoffnung auf ausgleichende Gerechtigkeit Gottes, sei es im Diesseits oder im Jenseits.

1. Zeichnen Sie die Argumentation des Textes in der Frage nach dem Umgang des Menschen mit Leiderfahrungen nach.
2. Wie bewerten Sie die vorgestellten Thesen? Diskutieren Sie im Plenum.

Ein Beispiel für eine Gewalttat: Der Brandanschlag von Solingen

Am 9. Mai 1993 verübten vier Männer mit rechtsradikalem Hintergrund einen Brandanschlag auf ein
225 Zweifamilienhaus in Solingen. Zur Tatzeit befanden sich 17 Mitglieder der Familie Genç im Haus, fünf von ihnen verloren dabei ihr Leben.

Die Attentäter wurden zu mehrjähriger Haft verurteilt.
230 Die Überlebenden der Familie Genç leiden bis heute unter den Folgen des Brandanschlags und leben

zum Teil in der Angst vor weiteren Übergriffen. Mev- 245 lüde Genç (geboren 1943), die bei dem Anschlag zwei Töchter, zwei Enkelinnen und eine Nichte verloren hat, engagierte sich in den Jahren nach den Morden immer wieder im Dienste eines friedlichen Miteinanders aller Bürgerinnen und Bürger Solingens unabhängig 250 von ihrer Herkunft.

Seit 2019 vergibt das Land Nordrhein-Westfalen die »Mevlüde-Genç-Medaille« an Menschen, die sich für ein friedliches Miteinander in Nordrhein-Westfalen engagieren. Die Medaille ist mit 10.000 Euro dotiert. 255

08.05.2018: Nordrhein-Westfalen, Solingen: Mevlüde Genç (r), gibt ein Interview neben ihrer Enkelin Özlem Genç
© picture alliance/Oliver Berg/dpa

© Gedenktafel an die Opfer des Mordanschlages in Solingen

1. Wie beurteilen Sie das Verhalten von Mevlüde Genç vor dem Hintergrund des erfahrenen Leides? Schreiben Sie Frau Genç einen Brief, in dem Sie auch die Argumentation des Textes aufgreifen.
2. Wenn Sie mögen, sammeln Sie die Briefe Ihrer Klasse bzw. Ihres Kurses und schicken Sie diese an Mevlüde Genç.

M 3.5 Warum lässt Gott das zu?

Warum lässt Gott das zu?

Thesen:

a. Gott gibt es gar nicht. Alles, was passiert, ist purer Zufall.
b. Gott hat die Welt am Anfang geschaffen. Danach überließ er sie sich selbst und kümmerte sich nicht mehr darum.
c. Die Menschen sind selbst Schuld an dem, was an Leiden in der Welt passiert. Ihr Egoismus ist die Ursache allen Leidens.
d. Gott straft die Menschen durch das Leiden. Oder er prüft und erzieht sie dadurch.
e. Gott hat verschiedene Seiten. Manchmal ist er ganz nah und hilft. Manchmal scheint er ganz weit weg zu sein. Wir Menschen können nicht verstehen, warum er Leiden zulässt.
f. Wenn Menschen sich an Gott halten, führt er Leiden immer wieder zum Guten. Sie müssen sich keine Gedanken darüber machen, warum sie leiden.

Wenn Gott gut ist, warum gibt es dann das Böse in der Welt?

Thesen:

a. Die Vorstellung von einer Welt, die nur das Gute kennt, ist sinnlos. Woran sollte das Gute dann noch zu erkennen sein?
b. Der Sinn des Negativen besteht darin, dass der Mensch aus ihm das Gute macht.
c. Der Mensch ist frei und trägt die Verantwortung für seine Taten. Er kann sich für das Schlechte entscheiden.
d. Ereignisse sind an sich wertneutral, werden nur in den Augen der Menschen als leidvoll gedeutet. So sind Naturkatastrophen nur Energieaustausch.
e. Der Mensch kann nur Gutes und Schönes gar nicht aushalten.
f. Wäre die Welt nur gut, brauchten wir keinen Glauben. Die Vorstellung von einer besseren Welt ist nämlich eine wichtige Triebfeder des Glaubens.
g. Gut und Böse sind beide notwendig, sind im Zusammenspiel der Motor der Geschichte.
h. Gott ist frei, die Welt so zu gestalten, wie er will. Auf die Frage nach dem »Warum« des Leidens finden die Menschen keine Antwort.
i. Es gibt eine Gegenmacht zu Gott, die für das Negative verantwortlich ist.
j. Gott ist der Schöpfer der Welt. In den weiteren Verlauf der Entwicklung greift er nicht ein.

Frei nach: Staguhn, G. (2006): Wenn Gott gut ist, warum gibt es dann das Böse in der Welt? Fragen an die Religion. München, S. 87–94.

1. Fertigen Sie zunächst in Arbeitsgruppen eine Mind-Map zu der Frage an: »Warum lässt Gott das zu?« Stellen Sie die Ergebnisse im Plenum vor.
2. Lesen Sie anschließend jede und jeder für sich die Auswahl von Thesen zu der Frage und wählen Sie eine Antwort aus, die Sie überzeugt oder formulieren Sie eine weitere. Diskutieren Sie die Ergebnisse in der Gruppe und tragen Sie abschließend die ausgewählten Thesen im Plenum vor und ermitteln Sie eine Rangfolge der überzeugendsten Thesen.
3. Verfahren Sie mit der Frage »Wenn Gott gut ist, warum gibt es dann das Böse in der Welt?«, wie unter Punkt 2 beschrieben.

Als wir eines Tages von der Arbeit zurückkamen, sahen wir auf dem Appellplatz drei Galgen. Antreten. Ringsum die SS mit drohenden Maschinenpistolen, die übliche Zeremonie. Drei gefesselte Todeskandidaten, darunter der kleine »Pipel«, der Engel mit den traurigen Augen. Die drei Verurteilten stiegen zusammen auf ihre Stühle. Drei Hälse wurden zu gleicher Zeit in die Schlinge eingeführt. »Es lebe die Freiheit!«, riefen die beiden Erwachsenen. Das Kind schwieg. »Wo ist Gott, wo ist er?«, fragte jemand hinter mir. Auf ein Zeichen des Lagerchefs kippten die Stühle um. Absolutes Schweigen herrschte im gesamten Lager. Am Horizont ging die Sonne unter. »Mützen ab!«, brüllte der Lagerchef. Seine Stimme klang heiser. Wir weinten. »Mützen auf!« Dann begann der Vorbeimarsch. Die beiden Erwachsenen lebten nicht mehr. Ihre geschwollenen Zungen hingen bläulich heraus. Aber der dritte Strick hing nicht leblos: der leichte Knabe lebte noch ... mehr als eine halbe Stunde hing er so und kämpfte vor unseren Augen zwischen Leben und Sterben seinen Todeskampf. Und wir mussten ihm ins Gesicht sehen. Er lebte noch, als ich an ihm vorüberschritt. Hinter mir hörte ich denselben Mann fragen: »Wo ist Gott?« und ich hörte eine Stimme in mir antworten: »Wo er ist? Dort – dort hängt er am Galgen [...].«

Wiesel, E. (1980): Die Nacht. Gütersloh, S. 86–88.

Über zwei Jahrzehnte arbeitete Marc Chagall, der berühmte französische Künstler russisch-jüdischer Herkunft, an seinem Werk »Der Sturz des Engels« (1923–1947). Das Bild zeigt eine Szenerie von beklemmender apokalyptischer Intensität und enthält doch auch Symbole der Hoffnung. Das Motiv des Gekreuzigten taucht seit dem Jahr 1938 immer wieder in Chagalls Gemälden auf. Es kann als Zeichen für das Leiden des jüdischen Menschen, ja, des Menschen generell, gedeutet werden.

© picture alliance/Artcolor
© VG Bild-Kunst, Bonn 2019

1. Lassen Sie sich von dem Geschilderten ansprechen. Welche Gedanken, Gefühle, Assoziationen kommen Ihnen beim Lesen?
2. Überlegen Sie, warum der Mann die Frage »Wo ist Gott?« stellt. Können Sie diese Frage nachempfinden? Warum? Warum nicht?
3. Erläutern Sie, wie Sie die Antwort »Dort hängt er am Galgen« verstehen.
4. Betrachten Sie das Gemälde »Der Sturz des Engels« von Marc Chagall und beschreiben Sie möglichst präzise, welche Motive der Künstler darstellt. Recherchieren Sie Hintergründe des Werks im Internet und reflektieren Sie die Symbolik. Diskutieren Sie mögliche Bezüge zur Gegenwart.

M 3.7 Was geschieht nach dem Tod?

M 3.7.1 Vorstellungen im Judentum

Prinzipiell wird im Judentum Spekulationen über das Jenseits oder das Leben nach dem Tod nur wenig Raum gegeben. Das Judentum orientiert sich stark am Hier und Jetzt. Diese diesseitige Orientierung wird
5 von manchen als Mangel gesehen, weil sie wenig Hoffnung auf ein Happy End bietet, wenn das Leben im Hier und Jetzt miserabel ist. Allerdings veranlasst Juden die diesseitige Orientierung des Judentums dazu, sowohl kollektiv wie auch individuell Verantwortung
10 dafür zu übernehmen, diese Welt in Ordnung zu bringen, anstatt sich damit zu begnügen, dass es im »Leben danach« ohnehin besser oder das Leiden in diesem Leben durch eine Belohnung im nächsten Leben vergolten wird. Praktisch bedeutet das, dass Aussagen wie
15 »Er ist jetzt in einer besseren Welt« kaum mit der jüdischen Theologie vereinbar sind, obwohl auch manche Juden solche Aussagen machen.

Das Kaddisch-Gebet wird oft irrtümlicherweise als »Todesgebet« oder »Trauergebet« bezeichnet. Das
20 Kaddisch wird immer bei Begräbnissen und in Trauer rezitiert, obwohl das Gebet selbst kein Wort zu Trauer oder Tod enthält, sondern von der Verherrlichung des Namens Gottes, von der Hoffnung und vom Kommen der messianischen Zeiten spricht. Allgemein hat
25 das Kaddisch in der jüdischen Liturgie eine Scharnierfunktion zwischen den Teilen des Gottesdienstes. Es gibt mehrere Versionen von Kaddisch, die zu bestimmten Zeiten im öffentlichen Gottesdienst und bei verschiedenen Anlässen gesagt werden. Der folgende
30 Text ist jene Version, die die Trauernden in der Anwesenheit eines Quorums von zehn Personen jüdischen Glaubens rezitieren. Der Originaltext ist auf Aramäisch und nur in dieser Sprache wird das Kaddisch rezitiert. Eine deutsche Übersetzung dient allein als Er-
35 klärung und wird nicht im Gottesdienst verwendet.

Das Kaddisch-Gebet

Verherrlicht und geheiligt werde Gottes großer Name in der Welt, die Gott nach eig'nem Ratschluss schuf. Gottes Reich erstehe in eurem Leben und zu euren Zeiten und im Leben ganz Israels schnell und bald.
40 Darauf sprecht: Amen.

Gottes großer Name sei gepriesen, immerzu und bis in Ewigkeit!

Gottes Name sei gepriesen und gelobt,
Gottes Name sei verherrlicht und erhoben.
Gottes Name sei verehrt und gerühmt,   45
Gottes Name sei gefeiert und besungen.
Gepriesen sei er über allem Lob und jedem Lied,
hoch über allem Preis und jedem Trost der Welt.
Darauf sprecht: Amen.

Frieden in Fülle komme vom Himmel,   50
Leben für uns und ganz Israel.
Darauf sprecht: Amen.

Gott schafft Frieden in der Höhe.
Möge Gott uns und ganz Israel Frieden geben.
Darauf sprecht: Amen.   55

Magonet, J. (Hg.) (1997): Seder ha-tefillot: Das jüdische Gebetbuch. Aus d. Heb. v. A. Böckler. Bd. 1. Gütersloh, S. 585.

Das Trauergebet

Die Seelen der Gerechten sind in Gottes Hand, und keine Qualen werden sie treffen. In den Augen der Unverständigen sind sie gestorben, sie betrachten ihren Heimgang als Unglück, und ihr Scheiden von uns als Vernichtung. Sie aber ruhen in Frieden. In den Au- 60
gen der Menschen mögen sie zwar gestraft erscheinen, ihre Hoffnung aber ist voller Unsterblichkeit. Sie werden ein wenig gezüchtigt, doch werden sie große Wohltaten empfangen, denn Gott hat sie geprüft und sie seiner für würdig befunden. (Weisheit 3,1–5) 65

Magonet, J. (Hg.) (1997): Seder ha-tefillot: Das jüdische Gebetbuch. Aus d. Heb. v. A. Böckler. Bd. 1. Gütersloh, S. 575.

Adon Olam

Gott aller Welt, du hast regiert,
eh' ein Geschöpf geschaffen ward.
Als einst durch dich das All entstand,
da ward dein Nam' »König« genannt.
Und einst am Ende aller Zeit   70
Wirst du allein regieren in Macht.

Du warst, du bist und du wirst sein,
der Herrlichkeit ist dir allein.

Einzig bist du, und keiner ist
75 vergleichbar dir, Gott aller Welt.
Du bist ohn' Anfang, und ohn' End',
du hast die Macht, du bist Regent.

Du bist mein Gott, du rettest mich,
du bist mein Fels, bin ich in Not.

Du bist mein Schutz mein Zufluchtsort,
versorgest mich, wenn ich dich ruf.

Mein Geist birgt sich in deiner Hand,
stets, sei ich schlafend oder wach. 115
Und auch mein Leib birgt sich in dir,
ich fürcht' mich nicht du bist bei mir.

Magonet, J. (Hg.) (1997): Seder ha-tefillot: Das jüdische
Gebetbuch. Aus d. Heb. v. A. Böckler. Bd. 1. Gütersloh, S. 585.

1. Arbeiten Sie heraus, welche Aussagen im vorliegenden Text und den zitierten Gebeten über ein Dasein nach dem Tod gemacht werden.
2. Wie nehmen die Betenden Gott wahr? Welche Bilder, Metaphern verwenden sie, um ihn zu charakterisieren?

M 3.7.2 Vorstellungen im Christentum
Jesus überwindet den Tod

80 Jesus selbst kennt den Schmerz der Trauer. Obwohl er den verstorbenen Lazarus auferwecken wird, weint Jesus auf dem Weg zu dessen Grab. Lakonisch berichtet der Evangelist Johannes: *Jesus weinte* (Johannes 11,35). Er zeigt eine natürliche Reaktion auf den Verlust eines 85 geliebten Menschen. Auch das Wissen um die jenseitige Wirklichkeit Gottes und die Geborgenheit des Verstorbenen in dieser Wirklichkeit verhindert unter den Bedingungen der menschlichen Existenz die Trauer nicht. Trauer ist etwas ganz Natürliches, wie Jesu Trä- 90 nen belegen.

Nun lässt die Stelle im Johannesevangelium offen, ob Jesus vor allem um den Verstorbenen oder aber angesichts des Schmerzes der Trauernden weinte. Das Leid Trauernder anzuerkennen und zu lindern, ist ihm 95 jedenfalls zentrales Anliegen.

In der Bergpredigt wendet er sich ausdrücklich an die Trauernden und spricht ihnen Trost zu: *Selig sind die Trauernden, denn sie werden getröstet werden* (Matthäus 5,4). Die Tröstung Trauernder wird auch an anderen Stellen im Neuen Testament für das künftige Reich 100 Gottes zugesagt: *und Gott wird abwischen alle Tränen von ihren Augen, und der Tod wird nicht mehr sein, noch Trauer noch Geschrei noch Schmerz wird mehr sein; denn das Erste ist vergangenen* (Offenbarung 21,4).

105 Jesus als »wahrer Mensch« hat nicht nur eine Anschauung der unermesslichen Leiden und Verzweiflung der Menschen, er hat diese körperlich, geistig und auch geistlich durchlitten. Wer sich an Jesus wendet, wendet sich an »einen wahren Gott«, der weiß 110 um Schmerzen, Schrecken und Nöte der menschlichen Existenz.

Doch auf Passion und Sterben Jesu von Nazareth folgt seine Auferstehung als Jesus Christus. Das Kreuz, auf das wir schauen, impliziert nicht Folter und Tod, 120 sondern vielmehr deren Machtlosigkeit und Überwindung, es bildet das Zentrum der christlichen Vorstellungswelt und Verkündigung. Jesu Auferstehung ist Inbegriff der Hoffnung, dass die Folterwerkzeuge des Todes zerbrochen sind: *Wo ist dein Sieg, Tod? Wo* 125 *ist deine Peitsche, Tod?* (1. Korinther 15,55)

Den Glauben an die Auferstehung gibt es bereits im Alten Testament, das Neue Testament knüpft an diese Tradition an. Der Gott der Bibel überlässt die Seinen von Anfang an nicht dem Tode. 130

Die biblischen Metaphern und Bilder zur Charakterisierung eines Daseins nach dem Tode sind vielfältig. Um nur einige zu nennen: Christinnen und Christen hoffen auf Friede, auf Liebe, auf das Paradies, auf Licht, auf ein Dasein in Fülle, auf Wiedersehen (Verstorbe- 135 ner), auf das »Himmlische Jerusalem« und natürlich auf ewiges Leben und Auferstehung.

Letztlich liegt diese Wirklichkeit außerhalb unserer diesseitigen Wahrnehmungs-, Erkenntnis- und auch sprachlichen Möglichkeiten: *Wir sehen jetzt durch* 140 *einen Spiegel ein dunkles Bild; dann aber von Angesicht zu Angesicht. Jetzt erkenne ich stückweise; dann aber werde ich erkennen, wie ich erkannt bin* (1. Korinther 13,12).

145

Nach den Vorstellungen im Alten und Neuen Testament wünscht Gott zivilisatorischen Fortschritt und fördert und fordert daher einen verantwortlichen und schützenden Umgang mit Schöpfung und Geschöpf. Und eben dies lehren die biblischen Vorstellungen einer Zukunft, in der Schwerter zu Pflugscharen werden und niemand mehr lernt, Krieg zu führen, in der die Schwachen Stärke erlangen und die Liebe über allem steht. Vorstellungen von einer Existenz jenseits des Todes und also des für den Menschen Fassbaren vertröstet nicht auf ein Jenseits, sondern diese Vorstellungen setzen Maßstäbe für die Gegenwart. Das Reich Gottes ist bereits im Hier und Jetzt erfahrbar. Jeder einzelne kann erheblich dazu beitragen, indem er sich gegen die Mächte des Todes wendet, »wie sie in allen Formen des Leids, der Gewalt, der Krankheit, des Unrechts, der Traumatisierungen mitten im Leben das Leben bedrohen«.[1]

Jesus lehrt, wie Menschen einander begegnen sollen: Er predigt Gewaltlosigkeit, Nächsten- und Feindesliebe, Gerechtigkeit, Barmherzigkeit und Gnade. Was er selbst in der Welt erfährt, ist das Gegenteil. Die Gewalttäter schrecken auch vor Gottes Sohn nicht zurück. Jesus als Gefolterter und Opfer eines Justizmords triumphiert jedoch letztlich über Spötter und Marterer: *Fürchtet euch nicht vor denen, die den Leib töten und danach nichts mehr tun können* (Lukas 12,4).

1 Crüsemann, F. (2011): Das Alte Testament als Wahrheitsraum des Neuen. Gütersloh, S. 277.

1. Stellen Sie dar, wie Jesus von Nazareth im vorliegenden Text beschrieben wird. Erläutern Sie, woran ihm laut biblischer Überlieferung besonders gelegen war.
2. Arbeiten Sie heraus, welche biblischen Bilder und Metaphern hier zur Beschreibung einer Existenz nach dem Tode genannt werden.

M 3.7.3 Vorstellungen im Islam
Worauf hoffen wir? Wohin gehen wir?

»Ein Gebet Abrahams im Koran lautet: ›Unser Herr, auf Dich vertrauen wir, Dir kehren wir uns zu, und zu Dir ist die Heimkehr!‹ (Koran 60,4). Der Weg des Lebens ist nach islamischem Selbstverständnis also grenzenlos: Er geht nicht nur von seinem Schöpfer aus, sondern führt auch wieder zu ihm. […]

Der Glaube an den einen Gott ist verbunden mit der Hoffnung auf Erweckung, auf ein Leben nach dem Tod und auf ein Jenseits. Am Tag der Erweckung wird allein Gott über die Taten der Menschen richten – in Gerechtigkeit und Barmherzigkeit. […]

Wer sich im Leben dem Guten verpflichtet hat, wird bei Gott die ›schönste Heimkehr‹ (Koran 3,14) finden. […] Für das Paradies finden wir im Koran und der prophetischen Überlieferung eine außerordentlich bildreiche Gestaltung. Dem Koran zufolge stellt es als Garten Eden und Stätte der Glückseligkeit den adäquaten Ort für die Menschen dar. […]

Die Strafe Gottes, die auch im Koran Erwähnung findet, wäre missverstanden, würde man annehmen, es ginge dabei um einen rachsüchtigen, rigiden Gott, der Menschen Schmerzen zufügen will. Zunächst ist es kaum erfassbar, was mit der Strafe Gottes genau gesagt ist. Im Koran heißt es einmal über die, die Unheil stiften: ›Am Tag der Auferstehung spricht Gott zu ihnen und nicht blickt Er sie an‹ (Koran 3,77). Parallel

dazu heißt es über die Menschen, die gute Werke verrichten, dass sie mit der Schau Gottes belohnt werden: ›An jenem Tage gibt es Gesichter, strahlende, auf ihren Herrn schauende‹ (Koran 75,22 f.).

Vergegenwärtigt wird damit, dass alles, was wir tun und unterlassen eine eschatologische Bedeutung hat. Das heißt: Unsere Handlungen erfahren eine gerechte endgültige Bewertung – mit dem Bewusstsein gesagt, dass Gottes Barmherzigkeit seine Strafe überragt. ›Und wer Gutes aus eigenem Antrieb verrichtet, dem dankt Gott, Er weiß es‹ (Koran 2,158). […]

Menschsein heißt Tat. Und aus der Tat entspringt das Paradies oder die Hölle. Daher gewinnen die Taten der Menschen im Diesseits eine unermessliche Bedeutung: ›Und nicht gleichen einander die gute Tat und die schlechte Tat.‹ Aber wie soll man einer schlechten Tat entgegnen? Der Koran legt uns an gleicher Stelle ans Herz: ›Wehre sie ab mit einer besseren Tat! Da wird der, mit dem du verfeindet, wie ein Freund, ein warmherziger‹ (Koran 41,34).«

Karimi, A.M. In: A. Grün, A.M. Karimi (2019): Im Herzen der Spiritualität. Wie sich Muslime und Christen begegnen können. Freiburg im Breisgau, S. 252–255.

Ahmad Milad Karimi wurde 1979 in Afghanistan geboren. Mit 13 Jahren flüchtete er mit seiner Familie aufgrund des dortigen Bürgerkrieges nach Deutschland. Seit 2016 ist er Professor für islamische Philo-

© Peter Grewer

Jenseits als Ort eines Transformationsprozesses

»Der als Gericht verstandene Jüngste Tag dient sozusagen als Motiv, Gottes Gebote zu befolgen. Der Glaube an das Leben nach dem Tod soll also die Menschen verleiten, das Rechte zu tun und das Unrecht zu unterlassen.

Die Hölle ist demnach kein Ort der Bestrafung oder der Rache Gottes, sondern steht symbolisch für das Leid und die Qualen, die der Mensch im Laufe dieses Transformationsprozesses erlebt. Dabei begegnet er der unendlichen Barmherzigkeit und Liebe Gottes. Dies versetzt ihn in Scham und Demut, die ihm bewusst wird, dass er in seinem Leben Nein zu dieser Liebe und Barmherzigkeit gesagt hat. Andererseits wird er mit seiner eigenen Wahrheit konfrontiert (mit seinem wahren ›Ich‹, mit seinen Verfehlungen, mit seinen Schwächen und dunklen Seiten usw.). Soll die Aufdeckung der Sünden und das Urteil über sie zu deren Vergebung führen, so setzt dies voraus, dass die Menschen ihre Verfehlungen einsehen. Das verursacht schmerz- und leidvolle Trauer über das Versagen, sich Gott zuzuwenden und seine Liebe anzunehmen. Das Ziel dieses Transformationsprozesses ist also, dass der Mensch von der Herrschaft der Sünde befreit und auf diese Weise vervollkommnet wird, damit er bereit ist, in die Gemeinschaft Gottes einzugehen. […] Dieses Verständnis von Jenseits leugnet keineswegs die Existenz von Himmel und Hölle, versucht sie aber nicht im wortwörtlichen Sinne als grünen Garten und brennendes Feuer zu verstehen, sondern im übertragenen Sinne als Symbole der Glückseligkeit bzw. des Leidens.«

Khorchide, M. (2012): Islam ist Barmherzigkeit. Freiburg im Breisgau, S. 50–52.

Mouhanad Khorchide, geboren 1971, stammt aus dem Libanon. Er ist Professor für islamische Religionspädagogik an der Westfälischen Wilhelms-Universität Münster und arbeitet an einem historisch-kritischen Koran-Kommentar.

© dpa

Die beiden Texte geben zwei unterschiedliche Zugänge zu den islamischen Jenseitsvorstellungen wieder.
1. Arbeiten Sie in arbeitsteiliger Gruppenarbeit die Thesen je eines Textes mithilfe der Tabelle heraus und erörtern Sie diese in der Gruppe. Formulieren Sie dann gemeinsam - in Stichpunkten - eine Stellungnahme zum Text. Falls Sie kontrovers diskutiert haben, sollten die kontroversen Auffassungen deutlich werden.
2. Tauschen Sie sich im Plenum darüber aus, welche der beiden Vorstellungen Ihnen zusagt.

	Ansatz von Ahmad Milad Karimi	Ansatz von Mouhanad Khorchide
Wie werden Himmel und Hölle gedacht?		
Wie gelangt der Mensch dorthin?		
Welche Bedeutung hat das diesseitige Leben?		

4 Handlungsoptionen in Beruf und Schule

von

Alexander Grodensky

Birgit van Elten

Naciye Kamcili-Yildiz

Barbara Koch

Sabine Lindemeyer

Monika Marose

M 4.1 Trauerkoffer

© Alexas_Fotos/pixabay

Ein vorbereiteter Trauerkoffer in Unternehmen und Betrieben kann helfen, auf einen Trauerfall zu reagieren und zeitnah unterstützendes Material zur Hand zu haben. Ist der Trauerfall eingetreten, hat niemand
5 mehr Zeit und Muße, sorgfältig Maßnahmen zu überlegen, was am besten zu tun sei. Es existieren zahlreiche Tipps und Hinweise, womit ein solcher Koffer ausgestattet werden kann. Überlegen Sie im Vorfeld, welche Elemente speziell für Ihren Arbeitsplatz hilfreich sein könnten.
10 reich sein könnten.

Da die Belegschaft in Unternehmen und Betrieben sehr unterschiedlich zusammengesetzt ist, erweist es sich als hilfreich, einen Trauerkoffer mit interreligiösen und säkular ausgerichteten Elementen zu bestücken.
15 cken. Im Folgenden werden Inhalte aus unterschiedlichen religiösen Perspektiven vorgeschlagen. Je nach Zusammensetzung der Belegschaft kann die oder der

Verantwortliche den Inhalt des Koffers selbstverständlich völlig frei variieren.

M 4.1.1 Aus jüdischer Perspektive

Mögliche Elemente eines Trauerkoffers aus jüdischer 20 Perspektive könnten sein:
– Kippa (Kopfbedeckung)
– Kleine Steine
– Wasser (für ein symbolisches Händewaschen nach dem Begräbnis) 25
– Kerze(n)

Texte:
– Das Gebet »El Male Rachamim« – »Gott voller Barmherzigkeit«: Gott in der Höhe, bei dir ist Barmherzigkeit in Fülle. Lass die Seele von …, die nun in die Ewigkeit eingekehrt ist, ungestört in 30

deine Gegenwart ruhen. Lass seine/ihre Seele wie die Lichter am Himmel leuchten, zusammen mit den Heiligen und Reinen in der Höhe. Gott voller Barmherzigkeit, lass seine/ihre Seele bis in Ewigkeit 35 in deiner Gegenwart geborgen sein. Nimm sein/ihr Leben auf in den Bund des Lebens. Gott, du bist sein/ihr Schicksal. Lass ihn/sie an seiner/ihrer Ruhestatt in Frieden ruhen. Darauf sprecht: Amen.

Magonet, J. (Hg.) (1997): Seder ha-tefillot: Das jüdische Gebetbuch. Aus d. Heb. v. A. Böckler. Bd. 1. Gütersloh, S. 583.

- Die Bibel: Ps 15; Ps 21; Ps 23; Ps 91; Ps 103,13–17;
40   Kohelet (Ecclesiastes) 3,18; Hiob 3,20–23.

M 4.1.2 Aus christlicher Perspektive

Neben einem Trauerkoffer hilft die folgende Checkliste, dass Kolleginnen und Kollegen im Trauerfall am Arbeitsplatz handlungsfähig bleiben.

Klärung im Vorfeld:

Wer hat in einem Trauerfall welche Aufgabe:
45 – Wer entscheidet über Unterstützung von außen und informiert die Kolleginnen und Kollegen?
  – Verabredung eines Treffens aller Betroffenen vor Arbeitsbeginn
  – Anschaffung eines Trauerbuches/Kondolenzbu-
50   ches
  – Organisation eines Gesprächsangebotes für Betroffene
  – Vorbereitung eines Trauerkoffers mit Materialien, z. B. für die Gestaltung eines Trauerortes

55 Alles, was der Trauer hilft, passt nicht in einen Koffer. Dennoch können ein paar Dinge die Handlungssicherheit im Trauerfall stärken und dazu beitragen, dass sich Kolleginnen und Kollegen von Anfang an um den bzw. die trauernden Menschen kümmern und
60 nicht erst noch nach Material suchen müssen.
  Der Trauerkoffer ist ein Hilfsmittel. Das fertig zusammengestellte Material gibt den Kolleginnen und Kollegen Sicherheit in einer Krisensituation. Der Inhalt des Trauerkoffers passt zum Unternehmen und
65 ist so zusammengestellt, dass die Kolleginnen und Kollegen damit gut in einer schweren Situation umgehen können.

Mögliche Elemente eines Trauerkoffers:

- Kerzen/Lichter (ggf. mit Glas zum Hineinstellen)
- Tücher in gedeckten Farben

- Papiertaschentücher   70
- CD mit meditativer Musik
- Kreuz und »Engel der Kulturen«
- Psalm 23 und Sure 1
- kleiner Bilderrahmen zum Aufstellen
- Vase   75
- Steine/Glassteine
- (Motiv-)Karten und Stifte
- Schokolade oder Traubenzucker
- Kondolenzbuch oder Mappe

© Sabine Lindemeyer, Inhalt eines Trauerkoffers

Wichtiger als das Material ist das Gespräch. Wichtig 80 sind nicht die Antworten, sondern die Fragen.
  Ein einfaches Ritual kann Betroffenen helfen, aus der Trauersituation wieder zurück in den Alltag zu gehen. Eine Kollegin bzw. ein Kollege leitet das Ritual wie folgt an: 85

»Wir bilden einen Kreis, schauen in die Runde und nehmen wahr, wer hier ist. Wir atmen tief ein und drehen uns nach außen. Wir gehen in den Alltag, der nicht mehr so ist wie vorher, aber wir gehen weiter. Und diesen Schritt setzen wir ganz bewusst, indem 90 wir jetzt einen Schritt nach außen gehen. Gemeinsam schaffen wir es.«

Weitere Vorbereitungsschritte:

Trauer braucht neben aller Vorsorge auch Nachsorge. Zur Nachsorge gehören z. B. folgende Elemente:
- Ein Trauerort für einen bestimmten Zeitraum   95
- Das Bedenken des Trauerfalls am Jahrestag und bei besonderen Anlässen
- Die Gestaltung einer Trauerkultur im Unternehmen durch und mit dieser Erfahrung

Stellen Sie einen Trauerkoffer für Ihr Unternehmen/Ihre Ausbildungsstätte zusammen

M 4.1.3 Aus islamischer Perspektive

100 Mögliche Elemente eines Trauerkoffers könnten aus islamischer Perspektive eine Ausgabe des Korans, eine Gebetskette und ein Gebetsteppich sein. Diese erweisen sich als sinnvoll aus folgenden Gründen:
- Eine Ausgabe des *Koran* als Bestandteil des Trauer-
105 koffers ist von größter Bedeutung. In schwierigen Situationen spendet eine Koranrezitation Muslimen immer wieder Trost und erinnert an die Vergänglichkeit des Lebens. Sie hilft, die schwierige Situa-

© Naciye Kamcili-Yildiz

tion zu erdulden und auf Gott zu vertrauen. Auch wenn viele Muslime nicht der arabischen Sprache 110 mächtig sind und eine Koranrezitation nicht verstehen können, wird in der muslimischen Tradition immer der arabische Text rezitiert.
- Eine islamische *Gebetskette* hat in der Regel 99 Perlen. Sie wird normalerweise im Anschluss an ein 115 Ritualgebet zur Lobpreisung Gottes benutzt. Dabei wird 33-mal Gott gepriesen, 33-mal gedankt und 33-mal seine Größe bezeugt. Sie wird aber auch benutzt, um die 99 Namen Gottes aufzuzählen. Daneben erfährt die Gebetskette in Krisensituationen 120 einen meditativen Charakter, indem sie losgelöst vom rituellen Gebet eingesetzt wird, um so die Nähe Gottes zu erfahren.
- Der Gebetsteppich wird für das rituelle Gebet benötigt. Das rituelle Gebet gehört zu den fünf Säu- 125 len des Islam. Im rituellen Gebet steht der Muslim vor Gott und vollzieht dabei eine Abfolge von festgelegten Handlungen, in denen er sich Gott gegenüber öffnet. Die Konzentration im Gebet auf die rezitierten Koranverse kann auch helfen, zur Ruhe 130 zu kommen und sich seiner Geschöpflichkeit bewusst zu werden.

M 4.2 Dimensionen helfenden Handelns im Trauerfall

© Counselling/pixabay

Der Tod gehört zum Leben. Trauer ist ein natürlicher Prozess. Trauernde Menschen brauchen Annahme, Begleitung und Beistand, kurz: das Gefühl, mit ihrer Trauer Teil der Gemeinschaft zu sein. Das
5 Wissen um Trauerprozesse, wie sie sich äußern und wie sie ablaufen können, ist dabei hilfreich.* Es ist grundsätzlich davon auszugehen, dass die Bedürfnisse, Gefühlsäußerungen und Trauerreaktionen eines anderen Menschen nicht den eigenen entsprechen, ja
10 ihnen vielleicht sogar zuwiderlaufen.

Dem trauernden Menschen hilft, wenn sein bzw. ihr Zustand anerkannt und respektiert wird. Außerdem helfen Angebote, auch wenn sie nicht angenommen werden. Statt sich zurückzuziehen, weil der trauern-
15 de Mensch das Gesprächsangebot nicht erwidert hat, sollte das Verhalten akzeptiert werden.

Gesprächsbereitschaft und das Kontaktangebot der anderen sind für die trauernde Person wichtig. Denn der einzelne Mensch ist stets Teil einer Gemeinschaft,
20 auch wenn er trauert. Zu einer seelsorglichen Atmosphäre gehört deshalb die Ermutigung, sich Trauernden zu nähern, unabhängig davon, wie sich die Trauer

bei einem Menschen äußert oder wie lange sie anhält. Das stärkt in der Trauer und trägt zu einem gesunden Trauerprozess bei. 25

Jeder Mensch äußert seine Trauer anders und unterschiedlich lange. In der Regel verläuft ein Trauerprozess lebensfördernd. Wo Trauer aber nicht gelebt, sondern verdrängt und dadurch nicht bewältigt werden kann, sind pathologische Formen der Trauer mög- 30 lich. Hier müssen die Menschen im Umfeld genau hinschauen und ggf. auch eine Psychologische Beratungsstelle als Angebot ins Gespräch bringen.

Neben Gesprächsangeboten tragen liturgische und rituelle Formen zu einem konstruktiven Umgang mit 35 Trauer bei. Diese sollten neben der individuellen auch die gemeinschaftliche Dimension in den Blick nehmen. So können ein liebevoll gestalteter Trauerort oder/und eine der Situation angemessene Trauerfeier einer Dienstgemeinschaft helfen, den Verlust eines 40 Kollegen oder einer Kollegin auch im Miteinander zu verarbeiten.

* Siehe Lammer K. (2014): Trauer verstehen. Heidelberg.

1. Erläutern Sie, in welcher Weise Trauerprozesse unterstützt werden können.
2. Recherchieren sie liturgische und rituelle Formen zum Umgang mit Trauer.
3. Machen Sie sich kundig, welche Hilfsangebote für Trauernde zur Verfügung stehen.

M 4.3 Das sensible Gespräch

Es kann jederzeit sein, dass wir von einem trauernden Menschen angesprochen werden oder ihn ansprechen möchten. Dabei geht es nicht immer um den Tod, sondern auch die Erfahrung eines Verlustes oder einer
5 Trennung, auch eine Krankheit kann Trauer auslösen. Voraussetzungen, die zum Gelingen des Gesprächs beitragen, sind eine entsprechende Haltung und das Wissen um hilfreiche Handlungsoptionen.

Das für den Weg durch die Trauer so wichtige Ge-
10 fühl, angenommen und Teil der Gemeinschaft zu sein, vermittelt sich dem trauernden Menschen schon durch das selbstverständliche, niederschwellige und dabei sensible Gesprächsangebot im Arbeitsalltag. Es ist geprägt von der Haltung: »Ich nehme dich wahr, so
15 wie du bist. Jetzt trauerst du, aber du bist mehr als deine Trauer.« Eine sensible Gesprächshaltung zeichnet sich aus durch Wertschätzung, Empathie und Echtheit.

Neben der Haltung ist das Gesprächssetting von Bedeutung: die Situation, der Ort und die Zeit. Das Setting ist gut gewählt, wenn beide Gesprächspart- 20 nerinnen bzw. -partner entspannt miteinander sprechen können, das Gespräch an einem geschützten Ort stattfindet, d. h. ohne weitere Zuhörerinnen oder Zuhörer, und Zeit sowie Dauer des Gesprächs an die Arbeitswelt angepasst sind. Außerdem ist ein ausge- 25 wogenes Verhältnis von Nähe und Distanz förderlich, insbesondere weil als Gesprächspartnerinnen Vorgesetzte, Kunden, Kollegen und Auszubildende infrage kommen.

Ein sensibles Gespräch beruht auf beidseitiger Frei- 30 willigkeit und kommt bestenfalls wie von selbst zustande. Es folgt einem niederschwelligen, vorsichtigen und einfühlsamen Angebot, das ggf. mehrmals wiederholt wird bzw. über einen entsprechenden Zeit raum bestehen bleibt, da jeder Mensch unterschiedlich und unterschiedlich lange trauert.

Ein solches Gesprächsangebot ist ernst gemeint. Seine Echtheit lässt sich überprüfen mit der Frage nach der Einlösbarkeit (»Kann ich und will ich einlösen, was ich anbiete?«).

Ein sensibles Gespräch nimmt auch das Lebensumfeld des trauernden Menschen mit in den Blick, z. B. die Familie und den Freundeskreis, und fragt danach, wer noch zu den Betroffenen gehört.

In einem sensiblen Gespräch stehen die Ressourcen des trauernden Menschen im Mittelpunkt. Man fragt danach, welche Strategien und Möglichkeiten der trauernde Mensch hat, um immer wieder neu Stabilität zu gewinnen. Dabei geht es stets nur um den nächsten kleinen Schritt.

Eine besondere Herausforderung des Gesprächs ist ein sensibel austariertes Maß an Einfühlung in das Gegenüber. Einerseits kann das Gespräch nur gelingen, wenn es die Seele des trauernden Menschen berührt. Es zeichnet sich also durch eine besondere Nähe zum trauernden Menschen aus. Andererseits kann zu viel Nähe dazu führen, dass sich die Person, die das Gespräch anbietet, in den Sog der Trauer des Gegenübers hineinziehen lässt. In diesem Fall kann sie keine Verantwortung mehr für den Gesprächsrahmen (Anfang, Verlauf, Ende) übernehmen. Deshalb ist ein Mittelweg zwischen Einfühlung in das Gegenüber und dem Blick auf den Gesprächsrahmen ratsam, sodass sich das Gegenüber sicher und geborgen fühlen kann.

Das Wissen um Trauerprozesse und Trauerreaktionen ist für das sensible Gespräch von Vorteil. Es hilft einzuordnen, wie es dem trauernden Menschen in der aktuellen Situation geht.

Vom sensiblen Gespräch zu unterscheiden ist das Seelsorgegespräch, wobei der Übergang fließend ist. Bei einem Seelsorgegespräch handelt es sich um ein Gespräch zwischen zwei Menschen, das für die Möglichkeit des Wirkens Gottes offen ist. In der Regel besteht eine Übereinkunft der Gesprächspartnerinnen bzw. -partner über den seelsorglichen Charakter des Gesprächs. Es ist immer freiwillig. Es ist kostenlos. Es unterliegt grundsätzlich der Schweigepflicht.

Wird ein explizites Seelsorgegespräch am Arbeitsplatz geführt, geht das Angebot in der Regel von einer dafür von der Kirche beauftragten Seelsorgerin bzw. einem Seelsorger aus.

Im Umgang mit trauernden Menschen ist das Seelsorgegespräch ein wichtiger Bestandteil des kirchlichen Hilfsangebotes für Trauernde, unabhängig von Religionszugehörigkeit und Weltanschauung. Es trägt zu einem gesunden Weg durch die Trauer bei, indem der trauernde Mensch sich dadurch in seiner Situation angenommen, begleitet und getröstet fühlen kann.

1. Stellen Sie die Besonderheiten eines sensiblen und eines seelsorglichen Gesprächs dar.
2. Erläutern Sie Chancen und Grenzen eines sensiblen Gesprächs in der Arbeitswelt.

M 4.4 Gelingensbedingungen für sensible und seelsorgliche Gespräche am Arbeitsplatz

Seelsorgliche und sensible Gespräche brauchen einen geschützten Ort, denn alles, was in einem solchen Gespräch gesagt wird, unterliegt der Schweigepflicht. Ist kein entsprechender Ort vorhanden, kann ggf. ein
5 Spaziergang im Freien oder ein außerhalb der Arbeitswelt befindlicher Ort die nötige Diskretion bieten.

Seelsorgliche und sensible Gespräche brauchen Zeit. Wer ein solches Gespräch anbietet, prüft zuvor, ob Zeit bei beiden Gesprächspartnerinnen bzw. -part-
10 nern vorhanden ist.

Seelsorgliche und sensible Gespräche sind ein Beziehungsgeschehen. Sie setzen voraus, dass die Gesprächspartnerinnen bzw. -partner in eine vertrauensvolle Beziehung zueinander treten, die es ermöglicht,
15 dass ihr Gespräch die Seele berührt. Charakteristisch für ein Seelsorgegespräch ist, dass es offen ist für das Wirken Gottes.

In einigen Arbeitsbereichen stellen die Kirchen Seelsorgerinnen und Seelsorger zur Verfügung, z.B. bei der Polizei, Bundeswehr, in Krankenhäusern und 20 Schulen.

Eine seelsorglich-sensible Haltung im Sinne des christlichen Auftrags an alle Menschen zählt zu den Alltagskompetenzen, mit dieser kann jede und jeder die Arbeitswelt bereichern. 25

Zu einer seelsorglich-sensiblen Haltung gehört das Einstehen für eine vertrauensvolle Atmosphäre am Arbeitsplatz, die entsprechende Gespräche ermöglicht, z.B. indem ein geschützter Raum zur Verfügung steht. Weiter gehört zu einer seelsorglich-sensiblen Haltung 30 das Einstehen dafür, dass Trauer auch am Arbeitsplatz sein darf, dass sie Zeit braucht und dass Trauernde zur Gemeinschaft am Arbeitsplatz dazugehören.

Eine seelsorglich-sensible Haltung am Arbeitsplatz kommt nicht erst in schwierigen Situationen zum 35 Tragen, sondern schon darin, wie sich Menschen am Arbeitsplatz auf schwierige Situationen vorbereiten. Es ist Ausdruck einer seelsorglich-sensiblen Kultur

© jamesoladujoye/pixabay

am Arbeitsplatz, wenn sich die Men-
40 schen dort in ruhigen Zeiten gemeinsam überlegen, wer in schwierigen
Situationen wie sinnvoll helfen und
unterstützen kann, die Überlegungen
für Krisenzeiten schriftlich festhalten
45 und allen zugänglich machen.

Ist im Trauerfall ein Konzept vorhanden, kann man sich auf das konzentrieren, was jetzt wirklich wichtig
ist: die konkrete Unterstützung eines
50 trauernden Menschen, einer Gruppe
von Betroffenen oder gar der gesamten Gemeinschaft.

Das Angebot eines sensiblen Gesprächs in der Arbeitswelt setzt die
55 hierarchischen Gegebenheiten am
Arbeitsplatz nicht außer Kraft. Des-

© geralt/pixabay

halb ist von Bedeutung, wer wem ein Gesprächsangebot macht (eine Kollegin/ein Kollege, ein Vorgesetzter/
eine Vorgesetzte, eine außenstehende Person), damit
60 das jeweilige dienstliche Verhältnis der Gesprächspartnerinnen und -partner gewahrt bleiben kann.

Menschen suchen in der Regel ihren Arbeitsplatz
auf, um dort zu arbeiten. Trauernde Menschen brauchen und suchen oft die Normalität am Arbeitsplatz,
65 denn in ihrem privaten Leben ist mehr oder weniger
nichts mehr normal. Folglich kann es sein, dass ein
Gesprächsangebot nicht oder lange nicht in Anspruch
genommen wird. Dennoch tut es trauernden Men-

schen gut, wenn sie spüren, dass sie in ihrer Trauer
wahrgenommen werden. Allein das Gesprächsange- 70
bot stellt also schon eine Unterstützung im Trauerprozess dar.

Während das sensible Gespräch am Arbeitsplatz
trauernden Menschen helfen kann, ihren Weg durch
die Trauer zu gehen, indem sie sich dadurch angenom- 75
men, begleitet und getröstet erleben, ist der Arbeitsplatz nicht der Ort, an dem ein Trauerprozess profes-
sionell begleitet werden kann. Hier kommen als erste
Anlaufstelle die örtlichen Beratungsstellen in Betracht
(z. B. evangelische und katholische Beratungsstellen). 80

1. Was ist für das seelsorglich-sensible Gespräch am Arbeitsplatz zu berücksichtigen?
2. Welche Beratungsangebote gibt es in Ihrer Nähe? Recherchieren Sie.

M4.5 Worte für die Begegnung mit Trauernden

Fertige Formulierungen für Gespräche mit Trauernden gibt es nicht, weil die Worte der Situation entsprechend gewählt werden und zur Person passen müssen, damit sie ihre Aufgabe erfüllen: die Seele berühren.

5 Hilfreich ist es, den Tod zu benennen. Formulierungen wie »er oder sie ist entschlafen« sind nicht zu empfehlen, weil sie die notwendige Auseinandersetzung mit der Wirklichkeit verhindern. Den Tod zu benennen hilft, den Tod zu begreifen. Auch die Er-
10 mutigung Gefühle zu benennen, die durch die Trauer ausgelöst werden, weist Trauernden den Weg zu ihrer individuellen Trauerarbeit.

Trauer braucht Raum. Trauernde brauchen Raum für Reaktionen und für Worte. Hilfreich sind dem-
15 entsprechende Ermutigungen und Angebote, Trauer auszudrücken. Oft erfüllen einfache Rituale, wie das Anzünden einer Kerze oder gemeinsames Schweigen, diesen Zweck tiefgehender als Worte.

Mit Worten kann dem trauernden Menschen aber
20 Anerkennung und Respekt bezüglich seiner besonderen Situation entgegengebracht werden. Dem Gespräch abträglich sind Einlässe wie »das kenne ich«, »das habe ich auch schon mal erlebt«, »ich verstehe dich«. Grundsätzlich gilt: Nur der trauernde Mensch
25 selbst weiß, was er gerade erlebt. Es hilft dem trauernden Menschen, wenn sein Gesprächspartner bzw. seine Gesprächspartnerin diesen Umstand anerkennt, ihm Respekt entgegenbringt, einfach da ist und wahrnimmt.

Es ist zudem eine Unterstützung für den trauern- 30 den Menschen, wenn wahrnehmbare Übergänge mit Worten ausgedrückt werden, z. B. »Schön, dass du seit einigen Tagen in der Pause wieder die Cafeteria besuchst«.

Auch ermutigende Worte, sich im Beisein von je- 35 mandem an die verstorbene Person zu erinnern und von ihr zu erzählen, helfen Trauernden auf ihrem Weg durch die Trauer.

Am Arbeitsplatz besteht in der Regel mehr als einmal die Gelegenheit für ein sensibles Gespräch, des- 40 halb ist es nicht nötig das einzelne Gespräch zu überfrachten.

© taylor hernandez/Unsplash

1. Überlegen Sie, welche Worte Sie an Ihrem Arbeitsplatz bzw. Ausbildungsplatz wählen würden.
2. Führen Sie ein Rollenspiel durch, in dem Sie mit einer Partnerin bzw. einem Partner ins Gespräch kommen. Es soll sich um ein Gespräch zwischen einer trauernden Person und einer Arbeitskollegin bzw. einem Arbeitskollegen handeln.

M4.6 Orte der Trauer in Unternehmen

© Carisma-Training/pixabay

Nicht nur Personen und Familien, auch Unternehmen und sonstige Institutionen tun gut daran, sich frühzeitig mit möglichen Trauerfällen in ihrem Verantwortungsbereich zu befassen. Dabei sind sowohl
5 Sterbefälle von Mitgliedern der eigenen Organisation als auch von Dritten (Kunden, Patienten, Gästen, Schülern) zu betrachten.

So individuell jeder Trauerfall ist, so vielfältig und spezifisch sind Orte der Trauer in Unternehmen und
10 damit eng verbunden die Trauerrituale. Betriebliche Trauerorte und -elemente sind abhängig von Branche und Struktur (Mitarbeiterzahl, Anzahl der Standorte), aber auch von weichen Faktoren wie Unternehmenskultur und Betriebsklima. Die Person des Verstorbenen
15 selbst (Chef, Mitarbeiter, Dritter) und die Umstände des Todes (Unfall im Betrieb, Suizid, Unglück, Gewaltverbrechen) haben den größten Einfluss auf die konkrete Ausgestaltung von Abschieden im Unternehmen.

Für das individuelle Gedenken können der Arbeitsplatz des Verstorbenen (Büro, Werkstatt) und für eine 20 offizielle Trauerfeier ein zentraler Ort im Unternehmen (Aufenthalts-, Besprechungsraum, Aula) auf Zeit umfunktioniert werden. Auch der Ort eines tödlichen (Arbeits-)Unfalls, Unglücks oder Gewaltverbrechens kommt als Gedenkort infrage. Wenn der Todesfall mit 25 besonderen Umständen verbunden war, bietet sich die temporäre Umwandlung eines Raums zu einem Besprechungs- und Rückzugsraum für besonders betroffene Mitarbeiter oder Teams an. Gerade Einrichtungen, in denen Sterben und Tod ständig gegenwärtig 30 sind (Krankenhäuser, Alten- und Pflegeheime, Hospize), brauchen einen dauerhaften Ort der Trauer im Betrieb – für die Angehörigen und die Belegschaft. Überregional oder international aufgestellte Institutionen können zusätzlich virtuelle Trauerorte, z. B. im 35 Intranet, zur Verfügung stellen.

1. Was ist zu beachten angesichts eines Trauerfalls im Unternehmen? Erstellen Sie auf der Grundlage des vorliegenden Textes eine Mind-Map.
2. Sammeln Sie reale und virtuelle Orte und Elemente betrieblicher Trauer.
3. Was ist bei der Wahl und bei der Gestaltung eines Trauerortes zu beachten? Beschreiben Sie den konkreten Fall, den Sie zugrunde legen.

M 4.7 Definition von Ritualen

Rituale sind feierliche religiöse oder auch weltliche Zeremonien, die nach einem genau festgelegten Schema vollzogen werden. Sie laufen nach ganz bestimmten Regeln ab, die oft über längere Zeit gleich bleiben. Rituale können in einer sich schnell verändernden Welt ihren Sinn verlieren, wenn sie nicht mehr verstanden werden.

Ursprünglich hatten Rituale den Sinn, menschliches Leben zu regeln. Häufig fanden sie in Momenten einer Krise statt (Krise bedeutet eigentlich Entscheidung, Wendepunkt). In allen Kulturen existieren Rituale an vergleichbaren Stellen.

Diese spezifischen menschlichen Verhaltensweisen werden tiefenpsychologisch als »archetypisches Verhalten« gedeutet. Ein Ritual wird als Brücke zu tieferen seelischen Schichten verstanden, die wir mit dem Bewusstsein nicht mehr steuern können. Über diese Brücke können dem Bewusstsein positive Kräfte zugeführt werden, sodass das Leben oder die Entwicklung weitergehen können. *Sigmund Freud,* der Begründer der Psychoanalyse, vertrat die Auffassung, dass gerade in Krisenzeiten Ordnung eine Wohltat für den Menschen bedeuten könne, da sie seine psychischen Kräfte schone und eine optimale Nutzung von Raum und Zeit ermögliche.

Es gibt jedoch auch krank machende Formen von Ritualen. In Diktaturen sind Rituale, an denen große Menschengruppen teilnehmen, negativ zu beurteilen.

Der Schweizer Psychiater *Carl Gustav Jung* erklärt die Bedeutung von Ritualen folgendermaßen:
– sie transformieren die Libido in geistige Energie;
– sie stiften Sinn;
– sie haben heilende Wirkung auf die Seele von Menschen.

Nach Jung ist Religion ein psychotherapeutisches System, das sich in besonderer Weise der Rituale bedient.

Rituale können spontan entstehen, aber auch bewusst erfunden werden. Rituale befriedigen ein menschliches Grundbedürfnis. Sie geben Sicherheit, Struktur, Ordnung, Geborgenheit, schaffen Vertrauen, Gemeinschaft (»Wir-Gefühl«), erleichtern die Kommunikation, stellen die Verbindung mit familiären und kulturellen Wurzeln her und helfen bei der Gewinnung unserer Identität.

Think – Pair – Share
Überlegen Sie zunächst für sich und dann mit der Partnerin/dem Partner:
1. Welche persönlichen Rituale pflegen Sie?
2. Warum tun Ihnen diese Rituale gut?
3. Welche Rituale, die andere pflegen oder die in der Gesellschaft praktiziert werden, lehnen Sie ab? Warum?
4. Was ist die Funktion von Ritualen?

In der Gruppe zu bearbeiten:
5. Welche Rituale praktizieren Sie während Ihres Arbeitsalltags oder in Ihrem Unternehmen? Diskutieren Sie in Ihrer Gruppe die Durchführung, den Sinn und die Wirkung dieser Rituale.
6. Entwickeln Sie alternative Rituale, die Ihnen besser gefallen würden.

M 4.7.1 Beispiele für Rituale
– Heimkommritual
– Essensritual
– Initiationsritual
– Abschiedsritual
– Einschlafritual
– Aufweckritual
– Silvesterritual
– Konfliktritual
– Krisenritual

55 – Trauerritual
– Versöhnungsritual
– Feierabendritual
– Teamritual
– Familienritual
60 – Freundesritual
– Partnerschaftsritual
– Begrüßungsritual
– alltagszyklisches Ritual
– jahreszyklisches Ritual

– lebenszyklisches Ritual
– Ritual zu Beginn der Unterrichtsstunde
– Ritual zum Ende der Unterrichtsstunde
– Rituale für Kinder 75
– Rituale für Demenzkranke
– Rituale von Jugendlichen

Einige Rituale vollziehen wir bewusst, andere praktizieren wir beinahe unmerklich in unserem Alltag.

1. Welche Rituale pflegen Sie in Ihrer Freizeit mit der Familie oder in Ihrem Freundeskreis? Nennen Sie Beispiele.
2. Warum tun Ihnen diese Rituale gut/nicht gut? Begründen Sie bitte.
3. Welche Rituale beobachten oder vollziehen Sie an Ihrem Arbeitsplatz? Welche Bedeutung haben sie hier?
4. Stellen Sie drei dieser Rituale pantomimisch dar.

© pixel2013/pixabay

M 4.7.2 Rituale für Leben und Arbeit
Beispiele für Funktionen von Ritualen
65 – Rituale festigen Beziehungen
– Rituale begleiten uns bei Statusübergängen (z. B. Ausbildungsabschluss, Hochzeit)
– Rituale bewahren Erinnerungen
– Rituale geben ein Gefühl von Zuhause
70 – Rituale zeigen, dass mir etwas gelungen ist (z. B. Schulabschlussfeier, -gottesdienst)

– Rituale schaffen eine Verbindung zu einer anderen 80
Wirklichkeit (z. B. Taufe, Abendmahl)
– Rituale sind da, wenn Worte fehlen (z. B. Beerdigung)
– Rituale sind Orte der Begegnung mit mir selbst
und mit Gott 85
– Rituale ermöglichen Spiritualität im Alltag

1. Überlegen Sie Funktionen von Ritualen in der Arbeitswelt und nennen Sie Beispiele dafür.
2. Suchen Sie sich drei der hier genannten Funktionen aus und belegen oder widerlegen Sie, dass Rituale in Ihrem Unternehmen eine ähnliche Bedeutung haben.
3. Welche Rituale vermissen Sie in Ihrem Unternehmen? Überlegen Sie konkret, auf welche Weise Sie einen Vorschlag dazu machen könnten.

M 4.7.3 Trauerrituale

Funktionen von Trauerritualen

- helfen dabei, sich zu verabschieden
- helfen den Übergang von einem Leben mit einem Menschen zu einem Leben ohne den Menschen zu bewältigen, ermöglichen die Anpassung an die veränderte Situation
- helfen, den Verlust zu realisieren
- helfen dabei, den eigenen Gefühlen Ausdruck zu verleihen, z. B. Liebe oder Dankbarkeit
- sind tröstlich
- helfen bei der Auseinandersetzung mit der neuen Situation
- vermitteln ein Gefühl der Geborgenheit
- vermitteln ein Gefühl von Gemeinschaft
- erleichtern die Kommunikation mit den anderen Trauernden
- ermöglichen Kommunikation mit dem Verstorbenen
- ermöglichen eine Verbundenheit mit dem Verstorbenen über den Tod hinaus
- kanalisieren Erinnerungen, helfen bei der Verinnerlichung dessen, was war
- helfen dabei, eine neue Identität zu entwickeln
- helfen dabei, die emotionale Energie zurückzunehmen und in Neues zu investieren
- ermöglichen Hoffnung und Zuversicht
- ermöglichen Integration des Verlustes in die eigene Biografie

1. Welche Trauerrituale kennen Sie?
2. Legen Sie dar, in welcher Weise diese einige der oben genannten Funktionen erfüllen.
3. Welche Trauerrituale halten Sie in einem Unternehmen für angemessen? Erläutern Sie, welche Funktionen hier wichtig wären.

M 4.7.4 Liturgisch-spirituelle Elemente

Wenn wir uns mit Ritualen befassen, kommen wir mit uraltem Menschheitswissen in Berührung und mit Prinzipien, nach denen die Menschen in allen Kulturen und zu allen Zeiten ihr persönliches Leben, ihr Zusammenleben und ihr Leben als Teil eines größeren Ganzen – der Welt, der Schöpfung, des Kosmos, der Natur – gestaltet haben.

Nach Hildegard von Bingen* haben wir in uns Himmel und Erde und kommen im Ritual mit beidem in Berührung, stellen Verbindung zu beidem her und können auf diese Weise Momente von Heilung erfahren.

Im Ablauf religiöser Feiern, genannt Liturgie, haben viele Rituale, genannt liturgische Elemente, ihren Platz. Genau genommen ist die Liturgie selbst ein Ritual. Ritualisierte bzw. rituelle Handlungen sind Handlungen, die durch ihre Wiederholung als Ritual wirken und die uns z. B. helfen, Übergänge zu gestalten, d. h., uns von einer vorherigen Situation zu lösen und auf eine neue Situation einzustellen. Sie stabilisieren uns besonders auch in Zeiten, in denen wir von Verlusten, Umbrüchen und Tod berührt und existenziell erschüttert werden oder wenn wir Menschen in diesen Zeiten begleiten.

Rituale, rituelle Handlungen und Abläufe wie z. B. die Liturgie einer Trauerfeier haben eine äußere Struktur, die dem inneren Erleben Ausdruck verleihen und

© 2020, Vandenhoeck & Ruprecht GmbH & Co. KG, Theaterstraße 13, 37073 Göttingen

wiederum nach innen wirken. Sie geben emotionale Entlastung und Halt und haben damit auch jenseits sprachlicher Kommunikation Tragfähigkeit angesichts von Tod, Schmerz und Angst. Ein Ritual kann
145 nur wirken, wenn wir daran teilhaben, nicht wenn wir es nur beobachten oder darüber sprechen.

Der Segen ist solch ein Ritual und liturgisches Element. Er ist der Zuspruch des Beistandes Gottes. Er ist ein Wirken Gottes. Damit entzieht er sich der mensch-
150 lichen Verfügung. Wenn ein Mensch sich selbst oder einem anderen Menschen ein Segenswort zuspricht, tut er das im Vertrauen auf die Segensverheißung und -zusage Gottes, die in der Bibel überliefert ist.

* Hildegard von Bingen lebte 1098–1179 und war eine deutsche Mystikerin, Äbtissin, Naturwissenschaftlerin und katholische Heilige.

Hier drei Beispiele für Segensworte:

155 *So sollt ihr sagen zu den Israeliten, wenn ihr sie segnet: Der Herr segne dich und behüte dich; der Herr lasse sein Angesicht leuchten über dir und sei dir gnädig; der*

Herr hebe sein Angesicht über dich und gebe dir Frie- 175 *den. (4. Mose 6,24–26)*

Gott sei vor dir, um dir den rechten Weg zu zeigen.
Gott sei neben dir, um dich in die Arme zu schließen und dich zu schützen.
Gott sei hinter dir, um dich zu bewahren vor der Heim- 180 *tücke böser Menschen.*
Gott sei unter dir, um dich aufzufangen, wenn du fällst.
Gott sei in dir, um dich zu trösten, wenn du traurig bist.
Gott sei um dich herum, um dich zu verteidigen, wenn andere über dich herfallen.
Gott sei über dir, um dich zu segnen. 185
So segne dich der gütige Gott.
(Altkirchlicher Segen, 4. Jahrhundert)

Möge dein Weg dir freundlich entgegenkommen, 190
möge der Wind dir den Rücken stärken.
Möge die Sonne dein Gesicht erhellen
und der Regen um dich her die Felder tränken.
Und bis wir beide, du und ich, uns wiedersehen,
möge Gott dich schützend in seiner Hand halten. 195
(Irischer Reisesegen)

1. Haben Sie persönliche Alltagsrituale? Beschreiben Sie eines exemplarisch.
2. Sind Ihnen Rituale aus der Familie und/oder ihrem Umfeld bekannt? Beschreiben Sie eines exemplarisch.
3. Wozu dienen die in Aufgabe 1 und 2 beschriebenen Rituale? Gehen Sie in Einzelarbeit diesen Fragen nach und tauschen Sie sich dann mit Ihrem Sitznachbarn/Ihrer Sitznachbarin darüber aus.
4. Überlegen Sie sich ein alltagstaugliches Ritual für sich selbst.
5. Überlegen und formulieren Sie einen Zuspruch für einen Menschen, den Sie mögen.

M 4.7.5 Trauerfeiern in Unternehmen

Wie Schülerinnen und Schüler so gehören auch die Mitarbeiterinnen und Mitarbeiter in Unternehmen
160 unterschiedlichen Religionen und Weltanschauungen an. Eine Trauerfeier hat dieser Tatsache gerecht zu werden und die jeweilige Haltung des verstorbenen Menschen zur Religion zu berücksichtigen.

Da es der Familie der verstorbenen Person obliegt,
165 eine Trauerfeier zu gestalten, ist für das Unternehmen eine kleinere Variante angemessen. Die Familienangehörigen werden informiert und ggf. eingeladen.

Der Ablauf einer christlichen Trauerfeier kann wie folgt gestaltet werden:
170 – Begrüßung
– Biblischer Text
– Lied, z. B. *Von guten Mächten wunderbar geborgen* (EG 652,1–3)
– Ansprache

© pixel2013/pixabay

- Gedanken zum Tod des verstorbenen Menschen bzw. zu seiner oder ihrer Besonderheit
- Lied, z. B. *Von guten Mächten wunderbar geborgen* (EG 652,4–5)
200 - Fürbitten
- Vaterunser
- Segen
- Musik

Lieder und Musik sind frei wählbar. Auf beides kann verzichtet werden. Ein Bibelwort kann durch einen der Situation angemessenen Text, das Vaterunser kann durch ein anderes Gebet ersetzt werden. Die Trauer- 225 feier schließt mit einem Segen für die Anwesenden. Es epfiehlt sich, die Trauerfeier mit einem Team von Kolleginnen und Kollegen zu gestalten und durch-zuführen.

1. Was ist bei der Gestaltung einer Trauerfeier zu beachten? Erstellen Sie eine Checkliste zu einem fiktiven Ereignis.
2. Welche Elemente sind aus Ihrer Sicht für eine betriebliche Trauerfeier wichtig? Beschreiben Sie deren Bedeutung.
3. Entwerfen Sie in arbeitsteiliger Gruppenarbeit je eine Trauerfeier zum Gedenken an eine Kollegin/einen Kollegen oder eine Vorgesetzte/einen Vorgesetzten. Erfinden Sie vorab deren Vita, legen Sie fest, ob sie z. B. sehr jung oder schon älter waren, in keiner Weise religiös, ob sie sich möglicherweise negativ über Religiosität geäußert haben oder einer bestimmten Religion oder Konfession angehörten oder dies im Unternehmen gar nicht bekannt ist. Begründen Sie Ihre Entscheidungen für den Aufbau der Trauerfeier und die Auswahl bestimmter Elemente, Lieder, Texte und für die Gestaltung des Ortes, an dem die Feier stattfinden soll. – Das folgende Modell einer christlichen Trauerfeier kann Ihnen als ein Beispiel dienen. Verfahren Sie frei und konzentrieren Sie sich auf die verstorbene Person und ggfs. deren Angehörige.

M 4.7.6 Beispiel für eine christliche Trauerfeier am Arbeitsplatz

Die Trauerfeier kann grundsätzlich an jedem Ort statt-
205 finden, sei es beispielsweise in einem Büro oder auf einer Baustelle, auf einem Außengelände oder in einer Werkstatt. Der Rahmen, ob die Teilnehmenden sitzen oder stehen und wie der Raum gestaltbar ist, ist in die Vorüberlegungen einzubeziehen.
210 In der folgenden Trauerfeier wird einer plötzlich verstorbenen Kollegin gedacht.

Raumgestaltung und Material

Stuhlkreis oder Stuhlhalbkreis um eine gestaltete Mit-te angeordnet. In der Mitte ein Tuch, eine Kerze, ggf. Steine, Blumen, Glassteine o. Ä.; weniger ist in diesem
215 Falle mehr. Tonträger und meditative Musik.

Begrüßung

Wir sind hier versammelt im Namen Gottes, der uns liebt, der uns begleitet und der uns Kraft schenkt für unser Leben.

Bibelvers

»Fürchte dich nicht, denn ich habe dich erlöst; ich
220 habe dich bei deinem Namen gerufen; du bist mein!« So spricht Gott in Jes 43,1.

Gebet

Gott, der Tod hat unser Alltagsleben stark durchei- 230 nandergebracht. An unserem Arbeitsplatz ist nichts mehr, wie es war. Wir wünschen uns so sehr, es wäre nicht geschehen, was geschehen ist. Und wir quälen uns mit Fragen, auf die es keine Antworten gibt. Der Tod von … bleibt für uns sinnlos. Ihr Platz wird nun 235 für immer leer bleiben. Der plötzliche Tod von … hat uns sehr erschreckt. Im Moment gibt es so viel Trauer, das wird noch lange so bleiben. Gib uns das Vertrau-en, dass Du uns in unserer Traurigkeit begleitest, dass Du bei uns bist. Amen. 240

Frei nach Michael Schibilski.

Ansprache

Liebe Kolleginnen und liebe Kollegen, wir sind hier zusammengekommen, um miteinander unserer so plötzlich verstorbenen Kollegin zu gedenken. Wir wis-sen zwar, dass unser Leben zerbrechlich ist. Dennoch kommt der Tod hin und wieder sehr unerwartet und 245 somit grausam daher und reißt jemanden mitten aus seinem Leben und aus unserer Mitte. Wir können das nicht begreifen. Das fühlt sich für uns nicht richtig an. Ein plötzlicher Tod erschüttert unser Vertrauen ins Leben. Wir brauchen Zeit, um zu verstehen, dass 250 unsere Kollegin nicht mehr zur Arbeit kommt, nicht mehr ihren Platz einnimmt, wir nicht mehr ihre Stimme hören. Für die Gedanken und Gefühle, die ihr Tod in uns ausgelöst hat, nehmen wir uns in dieser kleinen Feier Zeit und gehen ihnen nach.

Gedanken zu der verstorbenen Person und ihren Besonderheiten

»Fürchte dich nicht, denn ich habe dich erlöst; ich habe dich bei deinem Namen gerufen; du bist mein!« So spricht Gott in Jes 43,1. Diesen Bibelvers las ich schon zu Beginn. Es ist ein Vers, der oft für Kinder als Taufspruch Verwendung findet. Für Kinder, die noch ein ganzes Leben vor sich haben, denn er macht Mut. Aber es ist auch ein Vers, der zu uns spricht, wenn ein Leben zu Ende gegangen ist und wir Abschied nehmen müssen, denn er ist tröstlich. Jetzt will er sowohl tröstlich zu uns sprechen, die wir hier versammelt sind nach dem Tod von …, als auch uns Mut machen. »Fürchte dich nicht« sagt uns, dass wir keine Angst haben müssen. Weder um uns, weil uns … jetzt so sehr fehlt, noch um … angesichts der Frage, was nun mit ihr ist. Die Zusage Gottes »fürchte dich nicht, denn ich habe dich erlöst« will uns gerade dann erreichen, wenn wir uns schwach und klein fühlen. Sie will uns versichern, dass Gott uns durch diese Zeit begleitet, in der wir uns

so verlassen fühlen, und dass er uns heraushelfen wird. Und das gilt auch für … Gott hat sie erlöst, dessen dürfen wir gewiss sein. Sie ist nicht allein. Tröstlich und ermutigend heißt es weiter: »ich habe dich bei deinem Namen gerufen; du bist mein!« Gott kennt uns vom Mutterleib an, er kennt unsere Namen. Er hat uns beschenkt mit Gaben. Wir gehören zu ihm – in diesem Leben, soweit wir das zulassen, und in Ewigkeit, wenn wir Gott glauben und auf seinen Sohn Jesus Christus vertrauen. Gott kennt auch … vom Mutterleib an. Er kennt ihren Namen. Auch sie gehört zu ihm. Wir können sie also seelenruhig, mit ruhiger Seele, loslassen. So will uns dieser kleine Vers einerseits Trost geben und andererseits Mut für die Zukunft: Wo und wie wir auch gehen und stehen, sitzen oder liegen, wir sind nicht allein, wir sind begleitet von dem, der unseren Namen kennt, zu dem wir gehören. Wir sind stets auf dem Weg zu Gott. Was sich uns auf unseren Lebenswegen auch in den Weg stellt, wir kommen irgendwann bei ihm an: »Fürchte dich nicht, denn ich habe dich erlöst; ich habe dich bei deinem Namen gerufen; du bist mein!« … ist bei Gott angekommen. Wir müssen uns um sie nicht sorgen. Wir können uns aber in unserer Trauer um … von diesem Vers Trost und Mut zusprechen und uns begleiten lassen. Amen.

Ritual

Eine mitwirkende Kollegin, ein Kollege stellt leise meditative Musik an. Dann zündet sie bzw. er die Kerze in der Kreismitte an, nimmt sie zuerst selbst in die Hände und reicht sie dann der neben ihr bzw. ihm sitzende Person mit den Worten: »Jede und jeder in diesem Kreis ist eingeladen, die Kerze in den Händen zu halten und dabei an … zu denken, sich an sie zu erinnern, ihr zu danken, etwas zu wünschen.« Ist die Kerze im Kreis herumgereicht worden, stellt die Kollegin, der Kollege sie brennend wieder in die gestaltete Mitte zurück.

Gebet

Gott, unser Leben ist ein Kommen und Gehen. Du bist darin das Geheimnis. Du bist das Geheimnis des Lebens. Zu unserem Leben gehören Geburt und Tod. Das sind die beiden Türen, die wir kennen. Das sind die wichtigsten Übergangsphasen in unserem Leben. Leben heißt Abschied nehmen und Tod heißt ewig leben. Beides ist mit Schmerzen verbunden. Beides lässt uns unser Leben fühlen. Gott, sei bei uns im Chaos unserer Gefühle, sei bei uns in der Ratlosigkeit unserer Fragen. Sei Boden unter den Füßen. Gott, lass dein Licht für uns leuchten, sei bei uns und begleite uns. Heute und an allen Tagen.

Wer möchte, kann in das nun folgende Gebet mit einstimmen, das alle Christen verbindet. Auch … kannte es.

Vaterunser

Vater unser im Himmel. Geheiligt werde dein Name. Dein Reich komme. Dein Wille geschehe, wie im Himmel, so auf Erden. Unser tägliches Brot gib uns heute. Und vergib uns unsere Schuld, wie auch wir vergeben unsern Schuldigern. Und führe uns nicht in Versuchung, sondern erlöse uns von dem Bösen. Denn dein ist das Reich und die Kraft und die Herrlichkeit in Ewigkeit. Amen.
(Mt 6,9–13)

Segen

Der Herr, voller Liebe wie eine Mutter und gut wie ein Vater, er segne dich und lasse deine Hoffnung erblühen. Er behüte dich und umarme dich in deiner Angst. Er lasse leuchten sein Angesicht über dir wie ein zärtlicher Blick erwärmt. Er sei dir gnädig und lasse dich aufatmen. Er erhebe sein Angesicht auf dich, tröste und heile dich. Er gebe dir Frieden und Heil deiner Seele. Amen.

Frei nach: Evangelisches Gesangbuch Nr. 1002.

M 4.8 Kondolenzschreiben

Mitgefühl mit den Trauernden auszudrücken, ist eine wesentliche Funktion von Kondolenzschreiben, denn das Wort »Kondolenz« bedeutet »Mit-Leid« oder »Mit-Schmerz«.

5 Trauerbriefe, die im Geschäftsleben als formelle Trauerbekundung weit verbreitet sind, haben darüber hinaus die Aufgabe,
– den Verstorbenen zu würdigen,
– die Angehörigen bei der Trauerbewältigung zu
10 unterstützen und
– Hilfe des Unternehmens anzubieten.

Schließlich trägt ein individuelles Kondolenzschreiben auch zum guten Image des Unternehmens bei. Dies gilt gleichermaßen Mitarbeitern und Geschäfts-
15 partnern gegenüber. Der wertschätzende Umgang mit trauernden Mitarbeiterinnen und Mitarbeitern wird sehr wohl von der gesamten Belegschaft wahrgenommen. Auch die positive Wahrnehmung einer aufrichtigen Anteilnahme bei Kundinnen und Kunden sollte
20 nicht unterschätzt werden.

Einen positiven Eindruck zu hinterlassen, gelingt jedoch nur, wenn Form und Inhalt auf die einzelne Situation abgestimmt sind und der Empfänger die ehrliche Empathie der Absenderin spürt.
25 Beim Formulieren einer Beileidsbekundung kann man viele Fehler machen, der größte Fehler ist jedoch, nicht zu kondolieren.

© Pexels/pixabay

Zusatzinfo: Gebräuchliche Formulierungen im jüdischen Kontext

Folgende Sätze werden in jüdischen Kondolenzschreiben 30 *verwendet:*

> »Sein/Ihr Andenken werde zum Segen!«
>
> »Möge der Ewige Sie/Euch/die Angehörigen trösten, mit allen Trauernden Israels.«
> * Hier ist die jüdische Gemeinschaft, nicht der Staat Israel gemeint.
>
> »Mögen die Angehörigen Trost finden in den guten Erinnerungen an sie/ihn!«

1. Schauen Sie sich die Vorlagen für Kondolenzschreiben z. B. unter https://trauer.rheinpfalz.de/ratgeber/kondolenzschreiben oder bei anderen Tageszeitungen an. Würden Sie ein solches Formular nutzen? Begründen Sie Ihre Antwort.
2. Recherchieren Sie auf entsprechenden Portalen im Internet, wie ein Kondolenzschreiben gegliedert ist.
3. Formulieren Sie für Ihr Unternehmen oder Ihre Schule ein Kondolenzschreiben für einen fiktiven Trauerfall.
4. Was sind Ihrer Meinung nach die größten Fehler, die man beim schriftlichen Kondolieren machen kann?
5. Wie ordnen Sie das Kondolenzschreiben des Mannheimer Oberbürgermeisters zum Attentat auf einen Berliner Weihnachtsmarkt 2016 ein (https://www.mannheim.de/de/nachrichten/kondolenzschreiben-des-oberbuergermeisters-zu-den-ereignissen-in-berlin)? Wie würden Sie Formulierung und Angemessenheit in Relation zum Ereignis bewerten?
6. Welche Formen, Zeichen und Symbole der Beileidsbekundungen fallen Ihnen ein, die nicht in schriftlicher Form formuliert werden?

M 4.9 Eine Beileidskarte formulieren und gestalten

© geralt/pixabay

Ein trauriges Gedankenspiel: Stellen Sie sich vor, eine Kollegin, ein Kollege aus Ihrem Team wäre verstorben. Sie entschließen sich – unabhängig von der offiziell im Namen der Firma formulierten Anteilnahme durch Ihren Vorgesetzten –, gemeinsam mit Kolleginnen und Kollegen Ihr Mitgefühl durch eine Beileidskarte an die Angehörigen zum Ausdruck zu bringen. 5

Entwerfen Sie in arbeitsteiliger Gruppenarbeit je ein Fallbeispiel:

1. Beschreiben Sie zunächst einen imaginären Verstorbenen. Tragen Sie zusammen, was Sie im Team über die Person wissen könnten.

2. Im nächsten Schritt überlegen Sie, an wen Sie schreiben. Sind die Ehepartnerin, der Lebensgefährte, eine enge Freundin, ein Freund, die Eltern oder allgemein die Familie Ihre Adressatinnen und Adressaten? Auch hier sollten Sie bedenken, welche Informationen Sie über diese Person bzw. den Personenkreis haben.

3. Scheuen Sie sich nicht, auch wenn Sie unsicher sind, was »man« in anderen Kulturen und Religionen formuliert, eine Beileidskarte an die Angehörigen zu senden. Die Geste der Anteilnahme zählt! Schreiben Sie als Nicht-Christin, Nicht-Jude oder Nicht-Muslima eine Beileidskarte für Menschen aus der jeweiligen Religion, kann es unnatürlich wirken, wenn Sie Sprüche aus dem jeweiligen Kontext verwenden. Ein religionsneutrales Schreiben mit ein paar persönlichen Worten ist in der Regel willkommen. Auch bei der Motiv-Wahl wäre etwas Neutrales, ohne eindeutige religiöse Symbole zu empfehlen wie z. B, ein Baum (Lebensbaumsymbolik), eine stille Landschaft, Steine, Wasser, ein Sonnenuntergang.

4. Hilfen zur Formulierung finden Sie in den Baukästen 1–3. Vorschläge für Motive bzw. Symbole finden Sie in Baukasten 4. – Sollten Sie eine andere Formulierung oder ein anderes Motiv für angemessen halten, sind Sie selbstverständlich frei, dieses zu verwenden. Seien Sie kreativ! Je individueller eine Beileidskarte auf die Person des Verstorbenen bzw. der Adressatinnen und Adressaten abgestimmt ist, desto tröstlicher

wird sie in der Regel empfunden. Setzen Sie sich, wie gesagt, bitte nicht unter Druck, es ist in jedem Falle positiv, wenn Sie den Angehörigen gegenüber Ihre Anteilnahme zum Ausdruck bringen.

5. Stellen Sie Ihre Ergebnisse im Plenum vor. Bitte begründen Sie Ihre Entscheidungen für Formulierungen und Motive.

Anleitung zum Verfassen einer Beileidskarte:
Sie beginnen mit einer Anrede und einem Einleitungssatz (Vorschläge in Baukasten 1).
Dann folgt ein persönlicher Teil mit einer kurzen Erinnerung an den Verstorbenen. Hier formulieren Sie bitte frei.
Anschließend können Sie ein Zitat oder einen tröstlichen Spruch auswählen (Baukasten 2).
Die Beileidskarte endet mit einem Schlusssatz (Baukasten 3).
Wählen Sie ein Motiv oder ein Symbol für die Beileidskarte aus. (Baukasten 4)

Liebe/r …,/Liebe Familie …,

… die Nachricht vom Tod Ihrer/Ihres … hat uns schwer getroffen.

… die Nachricht vom Tod Deines/Deiner … hat mich fassungslos gemacht.

… tief berührt haben wir vom Tod Ihrer/Ihres … erfahren.

… der unerwartete Tod Deiner/Deines … hat mich tief erschüttert.

… wir haben vom Tod Ihrer/Ihres geliebten … erfahren und wollen Ihnen
auf diesem Wege unser tiefstes Mitgefühl ausdrücken.

… leider ist es ein sehr trauriger Anlass, Ihnen diese Zeilen zu schreiben.

… in diesen schweren Stunden des Abschieds möchte ich Ihnen mein aufrichtiges Mitgefühl übermitteln.

… es ist schwer, passende und tröstende Worte zu finden.

… es ist schwer, einen Menschen zu verlieren, der der Mittelpunkt des eigenen Lebens war.

https://november.de/ratgeber/trauerhilfe/trauerkarte/ (Zugriff 14.11.2018, in Auswahl).

Formulieren Sie frei und verfassen Sie einige persönliche Zeilen, z. B. eine kurze Erinnerung an den oder die Verstorbene.

Zitate berühmter Dichter und Denker

»Ist der Tod ein Mann, so soll er kommen: ich will eng an meine Brust ihn ziehn! Er bekommt von mir ein Kleid, ein buntes, ich bekomme von ihm eine farblose Seele!« *(Dschalal ad-Din Muhammad Rumi, 1207–1273)*

»Wer im Gedächtnis seiner Lieben lebt, der ist nicht tot, der ist nur fern; tot ist nur, wer vergessen wird.« *(Joseph Christian von Zedlitz: Der Stern von Sevilla, 1830)*

»Jedoch es ist Zeit, daß wir gehen, ich, um zu sterben, und ihr, um zu leben. Wer aber von uns beiden zu dem besseren Geschäft hingehe, das ist allen verborgen außer nur Gott.« *(Platon: Apologia Sokratou, 399 v. Chr.)*

»Ach schrittest du durch den Garten / noch einmal in raschem Gang, / wie gerne wollt ich warten, / warten stundenlang.« *(Theodor Fontane: Im Garten, 1908)*

»An Tagen wie diesen wünscht man sich Unendlichkeit. An Tagen wie diesen wünscht man sich noch viel mehr Zeit.« *(Nach Die Toten Hosen: Tage wie diese, 2012)*

»Das Leben ist wie ein Traum. Der Tod ist das Erwachen aus diesem Traum.« *(Nach Arthur Schopenhauer: Zur Lehre von der Unzerstörbarkeit unseres wahren Wesens durch den Tod, 1877)*

»Da ist ein Land der Lebenden und ein Land der Toten, und die Brücke zwischen ihnen ist die Liebe – das einzig Bleibende, der einzige Sinn.« *(Thornton Wilder: Die Brücke von San Luis Rey, 1929)*

»Das, was wir den Tod nennen, ist in Wahrheit der Anfang des Lebens.« *(Thomas Carlyle, 1855)*

»Denn ich bin ein Mensch gewesen Und das heißt ein Kämpfer sein.« *(Johann Wolfgang von Goethe: West-Östlicher Divan, 1819)*

»Der Tod ist gewissermaßen eine Unmöglichkeit, die plötzlich zur Wirklichkeit wird.« *(Johann Wolfgang von Goethe, 1848)*

»Der Tod ist kein Abschnitt des Daseins, sondern nur ein Zwischenereignis, ein Übergang aus einer Form des endlichen Lebens in eine [recte: die] andere.« *(Wilhelm von Humboldt, 1921)*

Bibelverse

»Mein Gott, mein Gott, warum hast du mich verlassen?« (Psalm 22,2)

»Nun aber bleiben Glaube, Hoffnung, Liebe, diese drei; aber die Liebe ist die größte unter ihnen.« (1. Korinther 13,13)

»Christus spricht: Ich bin das Licht der Welt. Wer mir nachfolgt, wird nicht in der Finsternis bleiben, sondern wird das Licht des Lebens haben.« (Johannes 8, 12)

»Und auch ihr habt nun Traurigkeit; aber ich will euch wiedersehen, und euer Herz soll sich freuen, und eure Freude soll niemand von euch nehmen.« (Johannes 16,22)

»Mein Gott, mein Gott, warum hast du mich verlassen?« (Psalm 22,2)

»Gott wird abwischen alle Tränen von ihren Augen, und der Tod wird nicht mehr sein, noch Leid noch Geschrei noch Schmerz wird mehr sein.« (Offenbarung 21,4)

»Stark wie der Tod ist die Liebe.« (Hoheslied 8,6)

»Sie folgten einem hellen Stern durch die Dunkelheit zum großen Ziel.« (Matthäus 2,9)

Alle Bibelstellen: Lutherbibel, revidiert 2017, © 2016 Deutsche Bibelgesellschaft, Stuttgart

Baukasten 3: Gebräuchliche Trauersprüche im jüdischen Kontext

»Sein/Ihr Andenken werde zum Segen!«

»Möge der Ewige Sie/euch/die Angehörigen trösten, mit allen Trauernden Israels.«
* Hier ist die jüdische Gemeinschaft, nicht der Staat Israel gemeint.

»Mögen/mögt Sie/ihr/die Angehörigen Trost finden in den guten Erinnerungen an sie/ihn!«

Baukasten 4: Gebräuchliche Trauersprüche im muslimischen Kontext

»Möge er/sie im Paradies wohnen.«

»Möge er/sie Ruhe finden.«

»Von Ihm kommen wir und zu Ihm kehren wir zurück.«
(Sure 2; Vers 156)

Baukasten 5: Vorschläge für einen Schlusssatz

In herzlicher Anteilnahme
In freundschaftlicher Verbundenheit
Mit tiefem Mitgefühl
Mit schweigender Umarmung
In Gedanken bin ich bei Ihnen.
Fühle Dich umarmt!
Wir denken an euch und trauern mit euch.
Sie trauern nicht allein.

https://november.de/ratgeber/trauerhilfe/trauerkarte/
(14.11.2018, in Auswahl).

Hat man wenig Informationen über den Verstorbenen oder die Verstorbene bzw. dessen oder deren Angehörige oder haben diese diverse kulturelle und religiöse Hintergründe, ist es von Vorteil, ein neutrales Motiv (ohne religiöse Symbolik) wie etwa einen Baum (Lebensbaumsymbolik), eine Landschaft, Steine, Wasser, einen Sonnenuntergang auszuwählen.

© 12019/pixabay

sub rosa Stolzenfels Rosengarten © Engelfried-Rave

© skeeze/pixabay

© congerdesign/pixabay

© pixel2013/pixabay

© Peggychoucair/pixabay

M 4.10 Nachrufe in Unternehmen und Öffentlichkeit

© geralt/pixabay

Im Gegensatz zum Kondolenzschreiben, das grundsätzlich privaten Charakter hat, ist ein Nachruf eine öffentliche Trauerbekundung, denn er richtet sich an eine inner- und/oder außerbetriebliche Öffentlichkeit.

5 Die Formulierung eines Nachrufs erfordert besondere Sensibilität und Sorgfalt. Zu beachten ist in erster Linie das Persönlichkeitsrecht des Verstorbenen und der Angehörigen, weshalb immer eine Erlaubnis der Hinterbliebenen eingeholt werden und eine Abstim-

mung von Inhalt und Zeitpunkt der Veröffentlichung 10 erfolgen sollte.

Gute Nachrufe würdigen die Individualität des Verstorbenen und seine Bedeutung für die Firma. Dabei darf durchaus der Stil des Unternehmens zum Ausdruck kommen (eine Werbeagentur wird anders for- 15 mulieren als ein Kreditinstitut). Der Eindruck eines posthumen Arbeitszeugnisses sollte in jedem Fall vermieden werden.

1. In welchen Fällen ist ein Nachruf zu empfehlen?
2. Wer sind die Adressaten einer betrieblichen Traueranzeige? Welche Funktionen erfüllt sie? Stellen Sie diese den Funktionen eines Kondolenzschreibens gegenüber.
3. Werten Sie private und betriebliche Todesanzeigen aus der Tageszeitung oder deren Internetauftritt aus: Welche Elemente fehlen bei Firmennachrufen in der Regel?
4. Analysieren Sie die nachfolgenden Firmennachrufe. Welche Rückschlüsse lassen Inhalt und Gestaltung auf das jeweilige Unternehmen und seine Kultur zu?

© 2020, Vandenhoeck & Ruprecht GmbH & Co. KG, Theaterstraße 13, 37073 Göttingen

Beispiel für einen Firmennachruf 1

Nachruf

Nach langer schwerer Krankheit verstarb am TT.MM.JJJJ unser Mitarbeiter

Herr Vorname NAME

im Alter von XX Jahren.
Herr NAME war seit dem TT.MM.JJJJ für unser Unternehmen tätig.
Er leistete als Bereichsleiter der Abteilung ABC durch seinen unermüdlichen Einsatz einen wichtigen Beitrag zu unserem Erfolg und prägte die Entwicklung unserer Unternehmensgruppe entscheidend mit.
Der Verstorbene war bei allen gleichermaßen fachlich als auch persönlich sehr geschätzt.
Uns bleibt, in aufrichtiger Trauer von ihm Abschied zu nehmen und ihn in bleibender Erinnerung zu behalten.

FIRMA
Werksleitung – Betriebsrat – Belegschaft

Beispiel für einen Firmennachruf 2

Nachruf

Wir trauern um einen lieben Freund, wertvollen Mitarbeiter und Kollegen

Vorname NAME

Mit vorbildlichem Engagement, ausgeprägtem Verantwortungsgefühl und starker menschlicher Ausstrahlung hat er sich innerhalb und außerhalb unseres Unternehmens bleibendes Ansehen erworben.
Wir haben VORNAME NAME unendlich viel zu verdanken. Er wird uns unvergessen bleiben.
Unser besonderes Mitgefühl gilt seiner Familie.

NAME DES GESCHÄFTSFÜHRERS und alle Kollegen der ABC-GmbH

ORT, im MONAT

M 4.11 Ein muslimischer Kollege ist verstorben

Im muslimischen Kontext sind Todesanzeigen ungewöhnlich, da die Todesnachricht eher über Mund-zu-Mund-Propaganda verbreitet wird. Heutzutage werden dafür auch die sozialen Medien in Anspruch
5 genommen.

Die Fatiha ist die erste Sure des Korans. Auf Friedhöfen wird sie für das Seelenheil der Verstorbenen gelesen:

»Im Namen Gottes, des Allergnädigsten, des Gna-
10 denspenders,
aller Preis gebührt Gott allein, dem Erhalter aller Welten, dem Allergnädigsten, dem Gnadenspender!
Dich allein beten wir an; und zu Dir allein wenden wir uns um Hilfe. Leite uns den geraden Weg – den Weg
15 jener, denen Du Deine Segnungen erteilt hast, nicht jener, die (von Dir) verdammt wurden, noch jener, die irregehen!«

(Sure al-Fatiha, Verse 1–7)

Eine Fatiha für seine Seele
Ibrahim Begic
30.12.1965 – 16.06.2019
Die Verabschiedung findet auf dem muslimischen Friedhof in Essen am 17.06.2019 ab 16.00 Uhr statt.
Die Beerdigung findet am 19.06.2019 in seiner Heimatstadt Mostar in Bosnien statt.
In Liebe und Dankbarkeit:
Gattin Amina
Kinder Amir und Elvira mit Adnan, Amar und Malik
Alema und Ismet mit Melisa und Mustafa

»Von Ihm kommen wir und zu Ihm kehren wir zurück«
Safiya Anne Meier
20.11.1960 – 12.04.2019
Beerdigung Montag, den 19.04.2019 ab 13.00 Uhr
Sennefriedhof, neue Kapelle
Windelbleicherstraße 139

»Gehe du ein in Mein Paradies!«
(Sure 89; Vers 30)
In Liebe und großer Dankbarkeit nehmen wir Abschied von unserem Vater, Großvater, Bruder, Schwiegervater und Onkel
Ahmad Hamdan
10. November 1945 – 20. Mai 2019
Familie Hamdan

Untersuchen Sie anhand der Todesanzeigen die Einstellung von Musliminnen und Muslimen zum Thema Tod und Hoffnung:
1. Fassen Sie zunächst zusammen, welche Informationen durch die Todesanzeigen über die verstorbene Person mitgeteilt werden. Arbeiten Sie dann heraus, welche Formulierungen die Hoffnung auf ein Leben nach dem Tod zum Ausdruck bringen.
2. Vergleichen Sie die vorliegenden Todesanzeigen mit Beispielen aus Tageszeitungen oder dem Internet. Welche Gemeinsamkeiten und Unterschiede erkennen Sie?
3. Gestalten Sie auf einem Blatt eine Todesanzeige oder einen Grabstein so, dass Ihre Einstellung zum Thema Tod und Sterben bzw. Hoffnung deutlich wird. Betrachten Sie im Anschluss Ihre Ergebnisse im Galerie-Gang.

Die folgende fiktive Erzählung schildert Erfahrungen anlässlich eines Kondolenzbesuchs bei einer muslimischen Familie. Die im schulischen Kontext beschriebene Situation ist auf die Lebenswelt Arbeit übertragbar.

5 Yasin fehlte nun seit zwei Wochen im Unterricht. Ein befreundeter Mitschüler erzählte der Klassenlehrerin, dass Yasins Vater bei einem Verkehrsunfall gestorben sei. Die Familie hätte entschieden, seinen Leichnam in die Türkei, nach Konya, zu überführen.

10 Wir waren alle sehr traurig und betroffen. Die Klassenlehrerin, Frau Becker, bat mich um Unterstützung: Mitschülerinnen und -schüler wollten Yasin und seine Familie besuchen und ihr Beileid aussprechen. Sie waren sich aber unsicher, wie sie sich der Familie und 15 Yasin gegenüber verhalten sollen. Ich als Muslimin bot der Kollegin an, mit ihnen zusammen der Familie einen Besuch abzustatten.

Es stellte sich die Frage, ob man als Gastgeschenk Blumen mitbringen solle. Muslime assoziieren mit Blumen eher Freude und es ist angemessener, eine 20 Süßspeise mitzunehmen, die man auch den Gästen anbieten kann. Zudem ist Zurückhaltung in den Gesprächen angemessen.

Die Klasse gestaltete eine Karte, die die mitgehenden Schülerinnen und Schüler im Namen der Klasse 25 überreichen wollten.

Wir trafen uns zum verabredeten Termin vor der Haustür von Yasins Familie. Yasin machte uns die Tür auf und begleitete uns ins Wohnzimmer. Dort saßen neben seiner Mutter noch seine Tante Bahar und sein 30 Onkel Akif. Den Familienmitgliedern war die Trauer

© Resul Muslu/shutterstock

© 2020, Vandenhoeck & Ruprecht GmbH & Co. KG, Theaterstraße 13, 37073 Göttingen

deutlich anzusehen. Ich stellte uns vor und sprach unser Beileid aus, so wie man es üblicherweise im türkischen Kulturkontext tut: »Başınız sağ olsun. Allah rahmet eylesin!« Ins Deutsche übertragen, heißt das: »Herzliches Beileid. Gott möge (den Verstorbenen) in seine Barmherzigkeit einschließen!«

Die Mitschülerinnen und -schüler übergaben Yasin ihre Beileidskarte. Er blickte einige Sekunden auf die Karte und sagte dann leise »Danke«. Ich versuchte, das Gespräch zu eröffnen, jedoch wirkte die Mutter mit ihren Gedanken ganz weit weg. Tante Bahar servierte uns Tee und Gebäck. Ihre Bekannten hatten dieses für sie zubereitet, um die Familie bei der Bewirtung der Gäste zu entlasten.

Yasins Onkel Akif ergriff das Wort: »Der plötzliche Tod meines Schwagers hat meine Schwester und uns schwer getroffen. Als gläubige Menschen wissen wir, dass wir von Gott kommen und zu ihm zurückkehren werden. Es aber anzunehmen, fällt uns allen noch sehr schwer.«

Tante Bahar erzählte: »Es tut meiner Schwester gut, dass wir ihr in den ersten Wochen beistehen und ihr die Arbeit im Alltag abnehmen. Abends kommen noch Bekannte und wir lesen gemeinsam einen Ausschnitt aus dem Koran. Die Koranrezitation wirkt in besonderer Weise beruhigend und gibt uns Kraft.«

Ich fragte Yasin, ob er uns von einem schönen Erlebnis mit seinem Vater erzählen könnte. Yasin wurde nachdenklich, fing dann an: »Papa liebte es, Gäste einzuladen und zu grillen. Er sagte immer: ›Zusammen schmeckt es am besten.‹ Jedes Wochenende, ob warm oder kalt, wurde gegrillt. Nur bei Regen fiel das Grillen aus. Und am liebsten lud er auch Freunde und Bekannte ein. Er sagte immer: ›Zusammen schmeckt es am besten.‹«

Frau Becker erzählte: »Vor zwei Jahren, als meine Mutter verstorben ist, haben mir solche Erinnerungen, wie du sie an deinen Vater hast, Trost geschenkt. Das sind Momente, schöne Erinnerungen, die du festhalten solltest, Yasin. Diese kann dir niemand nehmen.«

Nach einiger Zeit bedankten wir uns für die Gastfreundschaft und verabschiedeten uns.

Eine Woche später kam auch Yasin wieder in die Schule. Er richtete uns von seiner Mutter aus, sie habe unseren Kondolenzbesuch als wertschätzend aufgenommen.

1. Worauf ist bei einem Kondolenzbesuch in einer muslimischen Familie zu achten? Erarbeiten Sie aus dem Text die Regeln.
2. Besuch willkommen! Spielen Sie mit verteilten Rollen einen Kondolenzbesuch bei einer muslimischen Familie nach. Beachten Sie dabei auch die zuvor erarbeiteten Besuchsregeln. Sprechen Sie im Anschluss darüber, wie Sie sich in den Rollen gefühlt haben und wie das Publikum Sie dabei erlebt hat.
3. In dem Text schreiben die Mitschülerinnen und -schüler eine Beileidskarte an Yasin. Wenn Sie in dieser oder einer ähnlichen Situation wären, was hätten Sie geschrieben? Schreiben Sie diesen Text auf. Sollten Sie Bildmotive verwenden, bedenken Sie bitte, dass im muslimischen Kontext überwiegend Kalligrafien von Koranversen oder auch Naturbilder verwendet werden.

Formen des Gedenkens im islamischen Kontext

Lukas

Als vor einiger Zeit Mustafa, unser muslimischer Kollege, verstarb, waren wir orientierungslos. Wir alle mochten Mustafa sehr und wollten ihn immer in Erinnerung behalten. Wir haben uns überlegt, zwei Apfelbäume im Garten der Firma zu pflanzen. Die sind mittlerweile groß und tragen auch viele Früchte. Die Äpfel pflücken wir in einer gemeinsamen Aktion und bringen sie zur Tafel. Ein Muslim hat dazu gesagt, dass jeder Apfel, den ein Mensch isst, wie ein Bittgebet für Mustafa wirkt.

Maryam

Meine Mutter ist vor zwei Jahren verstorben. Meine Geschwister und ich wollten, dass unsere Mutter über ihren Tod hinaus Gutes bewirkt. Daher haben wir in Kenia einen Brunnen errichten lassen, damit die Menschen dort mit Trinkwasser ausgestattet sind. Dort ist ihr Name vermerkt worden mit der Bitte, unsere Mutter in ihre Gebete mit einzuschließen. In einem Hadith erwähnt Prophet Muhammad, dass eine dauerhafte Wohltat (arabisch sadaqa dschariya) genau dies bewirkt.

Tarek

Vor kurzem verstarb meine Tante. Meine Mutter hat mit anderen Frauen 40 Tage lang zusammen aus dem Koran gelesen. Später erzählte sie, dass die Koranrezitation sie innerlich berührt und ihr geholfen hat, den Verlust ihrer geliebten Schwester zu verarbeiten. Mittlerweile besucht sie regelmäßig ihr Grab und spricht Bittgebete für sie aus.

Ida

Nun ist es genau ein Jahr her, dass Rabia mit ihrem Fahrrad auf dem Weg zur Schule tödlich verunglückte. Ich und einige andere haben eine Gedenkfeier für sie organisiert. Alle, die einen Beitrag leisten wollten, waren aufgefordert, von gemeinsamen Erinnerungen mit Rabia zu erzählen. Ich trug ihr Lieblingslied vor. Zainab las den Text einer Postkarte vor, den Rabia ihr aus Marokko geschickt hatte. Lara hat eine Präsentation vorbereitet mit allen Fotos, die wir von ihr hatten. Dabei wurde mal geweint, mal gelacht. Als wir bei einem Besuch ihrer Familie von unserer Gedenkfeier erzählten, freute sich ihre Familie sehr.

1. In den Texten berichten Menschen, was sie nach dem Tod geliebter muslimischer Personen im Gedenken an sie tun. Diskutieren Sie gemeinsam im Plenum, welche der genannten Formen in islamischen Kontexten und welche in multireligiösen Kontexten geeignet sind.

2. In einem Ausspruch (Hadith) beschreibt der Prophet Muhammad, was dauerhafte Wohltaten sind: »Wenn der Mensch stirbt, hören seine Taten auf, außer dreierlei: einem dauerhaften Almosen, einem nützlichen Wissen und einem rechtschaffenen Kind, das für ihn Bittgebete spricht« (Tirmidhi, Muslim*).
Entwickeln Sie selber Vorstellungen, was als dauerhafte Wohltat angesehen werden kann. Besprechen Sie auch die Umsetzbarkeit Ihrer Ideen.

3. Entwickeln Sie Ansätze, um nach dem Tod einer/-s muslimischen Kolleg*in Ihre Trauer zum Ausdruck zu bringen.

---

* Bei Hadithen (Aussprüche des Propheten Muhammad) wird in der Regel als Quelle der Name des Hadith-Sammlers hinter dem Text in Klammern angegeben. Angaben zum Erscheinungsort und -jahr fehlen meist.

Hadithen überliefert von Abu Hureira, zu finden in at- Tirmidhi und Muslim. In Tirmidhi zu finden in Buch 13, Hadith Nr. 1376, hrsg. v. Darussalam Publishers: Jami' at-Tirmidhi, Beirut 1997.

M 4.14 Interview mit einer muslimischen Bestatterin

Vildane Uludag, Bestatterin in Hamburg © Vildane Uludag

Vildane Uludag führt seit 1996 ein islamisches Bestattungsunternehmen in Hamburg. Frau Uludag beantwortete in einem Telefoninterview am 20.07.2019 die Fragen der islamischen Religionspädagogin Naciye
5 Kamcili-Yildiz.

Frau Uludag, Sie sind muslimische Bestatterin in Hamburg, ein sehr ungewöhnlicher Beruf. Warum haben Sie sich für diesen Beruf entschieden?

Die Idee dazu hatte mein Vater, der als Pathologe
10 in einem Hamburger Krankenhaus arbeitete. Dort erlebte er oft die Hilflosigkeit muslimischer Angehöriger, weil auf eine islamische, traditionelle Zeremonie großer Wert gelegt wird und die Bestattung bzw. Überführung schnellstens erfolgen sollte. 1996 gründete
15 ich das Beerdigungsinstitut »Uludag Cenaze«. Damit

wurde ich wahrscheinlich eine der ersten türkischen Bestatterinnnen Deutschlands.

Können Sie uns berichten, wie der Prozess der Beerdigung bei einer muslimischen Person verläuft?

Es ist so, dass unmittelbar nach dem Eintreten des 20
Todes der bzw. die Verstorbene entsprechend den islamischen Vorschriften rituell gewaschen und in Leinentücher gewickelt werden muss. Anschließend findet das Totengebet statt sowie eine zeitnahe Beerdigung auf den islamischen Friedhöfen in Deutschland. 25

Vor welchen Schwierigkeiten stehen Muslime, wenn sie ihre Familienmitglieder hier beerdigen möchten?

Ein besonderes Problem stellt die in Deutschland vorgeschriebene Sargpflicht für Muslime dar. In den letzten Jahren gab es diesbezüglich in vielen Bundes- 30
ländern Veränderungen, sodass die Sargpflicht gelockert wurde, damit Muslime nur im Leinentuch und ohne Sarg beigesetzt werden können.

Wie wird der Leichnam ins Grab gelegt? Gibt es hierbei religiöse Vorgaben? 35

Der Tote wird im Grab auf die rechte Seite und sein Kopf in Richtung Mekka gelegt. Danach legt man Holzbretter über den Leichnam, bevor man das Grab verschließt.

Die meisten Muslime lassen sich immer noch in ihre 40
Heimatländer überführen. Welche Gründe gibt es hierfür?

Obwohl nach islamischen Regeln die Beerdigung da stattfinden sollte, wo man verstorben ist, wird immer noch überwiegend die Überführung in die Hei- 45
mat erwünscht. Gründe hierfür sind unter anderem zum einen die Verbundenheit mit der Heimat, Gewohnheit, weil alle Nachbarn, Bekannte etc. es so machen. Zum anderen gibt es in der Heimat Familiengräber. Wenn der Vater oder die Mutter bereits verstorben 50
ist, möchte man neben den Angehörigen beerdigt werden. Die Überführung des Leichnams erscheint am einfachsten, da die Angehörigen aus der Heimat auch aufgrund der Visabestimmungen nicht kurzfristig zur Trauerfeier nach Deutschland kommen können. Es 55

ist aber auch ein Trend erkennbar, dass immer mehr Muslime, v. a. meist jüngere Menschen, in Deutschland beerdigt werden. Bei den Älteren überwiegt noch die Sehnsucht nach der Heimaterde.

60 *Welche Rolle spielt der Kostenfaktor dabei?*

Da solch eine Überführung meist mit dem Flugzeug stattfindet, ist der bürokratische Aufwand sehr groß und daher ziemlich kostspielig. Dass man aber wegen zu hoher Kosten die Eltern hier beerdigt, habe
65 ich bislang nicht erlebt.

Wenn ein muslimischer Kollege oder eine muslimische Kollegin versterben, sind nichtmuslimische Kollegen häufig verunsichert und wissen nicht, wie sie ihr Beileid angemessen zum Ausdruck bringen sollen. Können
70 *Sie aus Ihrer Erfahrung sagen, wie sie sich einbringen können?*

Ich sehe für die Kollegen keinen Unterschied, ihr Mitgefühl und Beileid auszudrücken. Ich sehe auch viele Nichtmuslime auf muslimischen Beerdigungen.
75 Ich kann ihnen empfehlen, Kontakt mit den Familien des Verstorbenen aufzunehmen und sie zu besuchen. Man kann die Familie fragen, ob die verstorbene Person noch einen letzten Wunsch hatte, woran man sich auch mit einer finanziellen Unterstützung beteiligt. Das wäre definitiv angemessener als ein Kranz
80 auf dem Grab.

© Naciye Kamcili-Yildiz

1. Erarbeiten Sie aus dem Text die Besonderheiten einer islamischen Bestattung heraus.
2. Überlegen Sie für den Fall, dass ein muslimischer Kollege verstirbt, wie Sie vorgehen können, um Ihr Beileid zum Ausdruck zu bringen.

Würde und Einfachheit sind die Leitprinzipien der Traditionen und Liturgie eines jüdischen Begräbnisses. Wir sind alle gleich angesichts des Todes.

5 Nach dem Eintritt des Todes wird der Leichnam für das Begräbnis vorbereitet. Beide Elemente der menschlichen Existenz – das Spirituelle und das Körperliche – sind aus Sicht des Judentums heilig. Nicht nur der Seele gebührt Respekt und Wertschätzung, sondern auch dem Körper. Die Vorbereitungen für

© OmaW/pixabay.

10 das Begräbnis übernimmt normalerweise Hewra Kaddischa (wörtlich »Heilige Gemeinschaft«), ein Verein von ehrenamtlichen Gemeindemitgliedern. Jede große jüdische Gemeinde in Deutschland hat einen solchen Verein, der sich der Krankenseelsorge, aber 15 hauptsächlich der Vorbereitung und Durchführung von Begräbnissen und Trauerbegleitung widmet. Der Rabbiner bzw. die Rabbinerin spielt dabei eine wesentliche Rolle, seine bzw. ihre direkte Einbeziehung ist zwar wünschenswert, aber nicht zwingend. Auch ohne 20 Rabbiner bzw. Rabbinerin kann ein Begräbnis stattfinden. Es gibt keine Gebete oder rituelle Handlungen während des Begräbnisses, die ordinierten Geistlichen vorbehalten sind. Hewra Kaddischa führt eine rituelle Waschung (»Tahara«) des Leichnams durch. Traditio-25 nell darf man den Leichnam nicht balsamieren oder sonst zu »verschönen« versuchen. Nach der Waschung kleidet man den Leichnam in ein einfaches weißes

Leinengewand (»Sargenes«). Danach wird der Leichnam in den Gebetsschal (Talit) des Verstorbenen gewickelt. Es wird ein möglichst einfacher Sarg bevorzugt. 30 Sonstige Gegenstände (z. B. Schmuck) werden nicht in den Sarg gelegt. Manchmal legt man das Gebetbuch des Verstorbenen bei oder ein anderes altes und nicht mehr brauchbares sakrales Buch oder eine Torarolle.

Exkurs

Bibeln, Gebetbücher, Tora-Pergamentrollen und 35 sonstige Texte, die den vierbuchstäbigen Namen Gottes (yud-hey-vav-hey, JHWH, »Ewiger«) enthalten, werden der jüdischen Tradition nach nicht einfach im Müll entsorgt. Wenn die Texte wegen des hohen Grades der Abnutzung nicht 40 mehr zu gebrauchen oder beschädigt und unlesbar sind, werden sie in einem speziellen Raum (hebr. »Genisa«) oder in einer Kiste aufbewahrt. Ab und zu werden sie auf dem jüdischen Friedhof oder im Garten der Synagoge begraben. 45

Das Begräbnis soll möglichst schnell nach dem Todeseintritt stattfinden. In Israel findet es normalerweise am nächsten Tag, in Jerusalem am selben Tag statt. In Deutschland braucht man ein paar Tage, um alle Formalitäten zu klären. 50
Ein typisches jüdisches Begräbnis findet entweder in einer Trauerhalle des Friedhofes oder direkt am Grab statt. Der Sarg mit dem Verstorbenen wird niemals in eine Synagoge getragen. In seltenen Fällen wird für sehr wichtige Rabbiner eine Ausnahme ge- 55 macht. Beim Begrüßen sind die üblichen Formeln mit dem Wort »gut« wie »Guten Tag« oder »Guten Morgen« zu vermeiden. Beim Betreten eines jüdischen Friedhofes tragen Männer eine Kippa oder sonstige Kopfbedeckung. Essen und Trinken am Friedhof 60 ist nicht angemessen. Traditionell sind Blumen und Kränze bei einem jüdischen Begräbnis nicht erlaubt. Oft wird das in der Traueranzeige thematisiert und vorgeschlagen, im Namen des Verstorbenen für einen karitativen Zweck zu spenden anstatt Geld für Krän- 65 ze auszugeben.

Zeremonie

Die Zeremonie wird durch einen Rabbiner bzw. eine Rabbinerin, einen Kantor bzw. eine Kantorin oder einen Laien geleitet. Die Zeremonie ist relativ kurz und hat folgende Elemente:

1. Einleitende Worte

2. Eulogie (»Hessped«)

Der Zweck der Trauerrede ist es, sowohl den Verstorbenen zu ehren, als auch die Trauernden zu trösten. Normalerweise hält der Zeremonienleiter die Trauerrede, nachdem er sich mit Familienangehörigen getroffen hat. Während dieses Treffens wird der Zeremonienleiter die Angehörigen bitten, Geschichten über den Verstorbenen zu erzählen. Eine Trauerrede sollte nicht eine ganze Lebensgeschichte erzählen. Vielmehr sollte sie so geschrieben und gehalten werden, dass sie das Wesen der verstorbenen Person widerspiegelt und den Trauernden Trost spendet. Manchmal wollen Familienmitglieder und enge Freunde während der Abschiedszeremonie über den Verstorbenen sprechen. Dies kann ein sehr wichtiger Teil ihres Trauerprozesses sein. Gleichzeitig sollte sich niemand jemals gezwungen fühlen, bei der Beerdigung eines geliebten Menschen zu sprechen.

3. Das Gebet »Tzidduk Ha-Din«

Der Fels, vollkommen ist Sein Tun, denn all Seine Wege sind gerecht, Er ist der Gott der Treue, ohne Fehl, gerecht ist Er und gerade. [...] Du bist gerecht, Ewiger, zu töten und zu beleben, in Deiner Hand sind alle Seelen aufbewahrt. Fern sei es Dir, unser Andenken auszulöschen, mögen Deine Augen voller Erbarmen über uns wachen, denn bei Dir, Herr, sind Barmherzigkeit und Vergebung. [...] Der Ewige hat gegeben, der Ewige hat genommen, der Name des Ewigen sei gepriesen. Er, der Barmherzige, sühnt Schuld und vernichtet nicht, wieder und wieder nimmt Er Seinen Zorn zurück, niemals erweckt Er Seinen ganzen Grimm.

Siddur Schma Kolenu. Wiener Ausgabe (2010). Konzept: Oberrabbiner P.C. Eisenberg, Redaktion: E. Selig. Basel, S. 663, 664.

4. Das Gebet »El Male Rachamim« – »Gott voller Barmherzigkeit«

(»ch« in »Rachamim« wird wie »ch« in »Buch« ausgesprochen)

Gott in der Höhe, bei dir ist Barmherzigkeit in Fülle. Lass die Seele von …, die nun in die Ewigkeit eingekehrt ist, ungestört in deiner Gegenwart ruhen. Lass seine/ihre Seele wie die Lichter am Himmel leuchten, zusammen mit den Heiligen und Reinen in der Höhe. Gott voller Barmherzigkeit, lass seine/ihre Seele bis in Ewigkeit in deiner Gegenwart geborgen sein. Nimm sein/ihr Leben auf in den Bund des Lebens. Gott, du bist sein/ihr Schicksal. Lass ihn/sie an seiner/ihrer Ruhestatt in Frieden ruhen. Darauf sprecht: Amen.

Magonet, J. (Hg.) (1997): Seder ha-tefillot: Das jüdische Gebetbuch. Aus d. Heb. v. A. Böckler. Bd. 1. Gütersloh, S. 583.

Nach der Zeremonie wird der Sarg zu Grabe getragen. Den Sarg tragen traditionell entweder die Mitglieder der Hewra Kaddischa oder die Freunde des Verstorbenen. Während der Prozession zum Grab wird Psalm 91 rezitiert.

Psalm 91:

1 Wer in der Bergung Gottes in der Höhe wohnt, im Schatten der mächtigen Gottheit übernachtet,
2 spricht zum Ewigen: Mein sicherer Ort und meine Burg, mein Gott, auf den ich vertraue.
3 Gott zieht dich aus der Schlinge des Jägers, aus der tödlichen Pest.
4 Gottes Schwingen bedecken dich. Unter Gottes Flügeln birgst du dich. Schild und Schutzmauer ist Gottes Verlässlichkeit.
5 Du musst dich nicht fürchten vor dem Grauen der Nacht, vor dem Pfeil, der am Tage fliegt,
6 vor der Pest, die in der Finsternis umherschleicht, vor der Seuche, die am Mittag wütet.
7 Es fallen tausend zu deiner Seite und zehntausend zu deiner Rechten – dir naht es nicht.
8 Mit eigenen Augen schaust du, siehst, wie denen, die Unrecht tun, vergolten wird.
9 Ja, Du, Ewiger, mein sicherer Ort!
Du hast Gott in der Höhe zu deinem Obdach gemacht.
10 Kein Unheil wird dich treffen. Leid wird sich deinem Zelt nicht nähern.
11 Gottes Boten haben den Auftrag, dich auf allen deinen Wegen zu bewahren.

12 In der hohlen Hand tragen sie dich, damit dein Fuß nicht an einen Stein stoße.

13 Über Löwe und Natter kannst du gehen, kannst zertreten Junglöwe und Drache.

[Gott sagt:]

14 Ja, alle, die mir in Zuneigung zugetan sind, werde ich entkommen lassen, werde alle retten, die meinen Namen kennen.

15 Allen, die nach mir schreien, werde ich antworten. Ich werde für sie da sein in der Bedrängnis. Ich schnüre sie los und verleihe ihnen Würde.

16 Mit einem langen Leben will ich sie sättigen, lasse sie Befreiung sehen.

Je nach lokaler Tradition und der Länge des Weges wird die Prozession entweder drei oder sieben Mal angehalten. Dies ist ein Zeichen dafür, dass der Abschied schwer fällt.

Nachdem der Sarg im Grab beigesetzt ist, hat jeder und jede Anwesende die Möglichkeit, den Verstorbenen mit zu beerdigen. Zu diesem Zweck gibt es normalerweise eine kleine Schaufel. Diese wird nicht dem Nächsten in die Hand gedrückt, sondern nach drei Würfen in die Erde gesteckt. Nachdem der Sarg mit der Erde bedeckt ist, spricht die Familie oder ein besonders nahestehendes Familienmitglied das Kaddisch-Gebet. Um das Kaddisch-Gebet sprechen zu dürfen, braucht es mindestens zehn Personen jüdischen Glau-

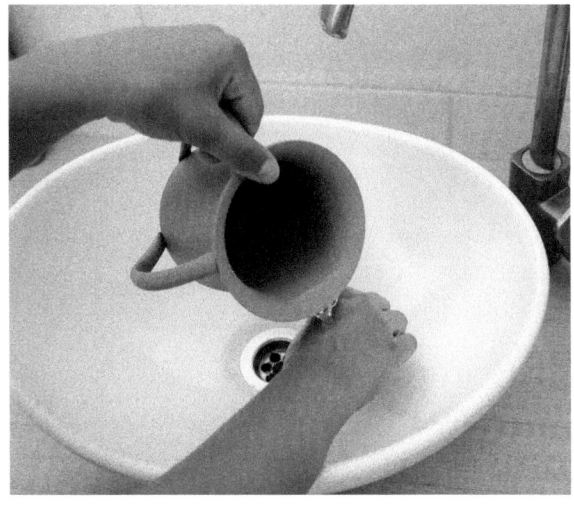

© razia/pixabay

bens (orthodoxe Juden zählen nur Männer zum Quorum).

Nach Verlassen des Friedhofs wäscht man sich die Hände. Nach dem Begräbnis wird oft zum Trauermahl eingeladen. Ursprünglich war es so, dass die Freunde der Familie des Verstorbenen dieses Essen organisierten, um die Trauernden zu unterstützen und sie nicht durch die erforderliche Essensvorbereitung von ihrer Trauer abzulenken. Heutzutage wird diese Tradition kaum befolgt. Die Familie organisiert das Essen meist selbst. Es ist aber eine gute Sache, Hilfe bei den Vorbereitungen anzubieten bzw. nach Absprache mit der Familie die Vorbereitungen komplett zu übernehmen.

Feuerbestattung

Die traditionelle Form der Bestattung im Judentum ist die Erdbestattung. Allerdings wünschen einige Juden seit dem späteren 19. Jahrhundert, kremiert (feuerbestattet) zu werden. Die Feuerbestattung wird von orthodoxen Rabbinern kategorisch als nicht authentisch jüdisch und als Gegensatz zu den traditionellen Vorstellungen von der Würde des Verstorbenen abgelehnt. Nicht-orthodoxe Rabbiner haben verschiedene Herangehensweisen. In der Regel respektieren liberale (Reform-)Rabbiner den Wunsch des Verstorbenen nach Feuerbestattung und führen die Trauerzeremonie durch. In manchen Gemeinden ist es Brauch, die Urnenbestattung in Stille, ganz ohne liturgische Elemente, durchzuführen.

Grabstein

In Deutschland und in aschkenasischen Gemeinden ist es üblich, den Grabstein erst ein Jahr nach dem Begräbnis aufzustellen. Oft wird der Grabstein mit einer Zeremonie (Hakamat Matzewa) eingeweiht. Diese »Einweihung« ist eher im säkularen Sinn des Wortes zu verstehen. Der Grabstein wird dadurch nicht sakralisiert oder gesegnet. Die Einweihungszeremonie ist eine Möglichkeit, die Trauerperiode geordnet zu beenden.

Brauch, einen Stein zu legen

Es ist üblich, dass wir, Jüdinnen und Juden, einen Stein auf das Grab eines Menschen legen, den wir respektieren und lieben. Manche meinen, dies sei nur ein Zeichen der Erinnerung an unseren Besuch. Manche meinen, dass dies die Trauer, die uns verfolgt, lindern soll, indem wir unseren Schmerz gleichsam verankern, damit wir unser eigenes Schicksal nicht verleugnen und für immer auf dem Pfad eines Trauernden wandeln.

Mir gefällt der Gedanke, dass der Stein mehr mit einem »Fundament« zu tun hat; der erste Stein sozu-
215 sagen, den wir auf dem Grab eines geliebten Menschen ablegen, ist der erste Schritt, an einer Zukunft zu bau-en, die einst unvorstellbar schien: eine Zukunft, in der [Name des/der Verstorbenen] als lebender, atmender Mensch nicht mehr mit uns am Tisch sitzt, an unse-
220 rer Seite steht, nur einen Telefonanruf entfernt. Eine Welt ohne seine/ihre Gegenwart.

Diese Zukunft schien einmal unvorstellbar, aber wir stehen heute, ein Jahr später, hier und dieser Stein zeigt uns: Heute beginnen wir damit, eine neue Zu-kunft aufzubauen, eine Zukunft, in der wir [Name des/ 225 der Verstorbenen] in unserer Erinnerung bewahren, eine Zukunft, in der unsere Herzen von seiner/ihrer Güte gezeichnet sind, eine Zukunft, in der wir wis-sen, dass jede Freude, der wir begegnen, auch in der Höhe gefeiert wird. 230

Goor, D. (2015): Rabbi's Manual »L'chol z'man v'eit –
For Sacred Moments. The CCAR Life-Cycle Guide«.
Philadelphia, PA, S. 68, übersetzt und adaptiert von
A. Grodensky.

1. Skizzieren Sie den Ablauf eines jüdischen Begräbnisses und arbeiten Sie dessen Besonderheiten heraus.
2. Setzen Sie diese Ergebnisse ins Verhältnis zu den Besonderheiten islamischer Bestattungen.
3. Recherchieren Sie im Internet den Ablauf einer christlichen Beisetzung. Wo sehen Sie Unterschiede zu jüdischen Bestattungen?
4. Überlegen Sie für den Fall, dass ein jüdischer Kollege verstirbt, wie Sie vorgehen können, um Ihr Beileid zum Ausdruck zu bringen.

M 4.16 Formen digitalisierter Trauer

Schritt für Schritt werden alle unsere Lebensbereiche von der digitalen Transformation erfasst. Die Digitalisierung macht auch vor Tod und
5 Trauer keinen Halt. Diese Formen der Trauer reagieren auf den Kulturwandel und befördern ihn.

Betrachtete man früher im Laufe des Trauerprozesses vergilbte Papier-
10 fotos von Verstorbenen, so steht heute eine schier unüberschaubare Zahl von Digitalfotos und Videos zur Verfügung, die den Angehörigen wieder gegenwärtig erscheinen lassen.

© geralt/pixabay

15 Auch im Internet sind vielfältige Möglichkeiten des Trauerns etabliert, z. B. in Form von offenen Beileidsbekundungen bei Ereignissen (Terroranschlag, Amoklauf, Flugzeugabsturz), die viele Menschen berühren. Zunehmend fin-
20 det man digitale Todesanzeigen und die Möglichkeit, ein Kondolenzbuch zu eröffnen und Blumen zu verschicken. Gesprächs- und Beratungsangebote, die bisher über telefonische Kontaktaufnahme abgewickelt wurden, finden sich als Chatmöglichkeit im World
25 Wide Web wieder.

Mittlerweile gibt es erste Apps zum Trauerprozess und in Japan wird an Trauerbegleitung mithilfe eines menschenähnlichen Roboters gearbeitet. Dieser soll den Verstorbenen nachahmen und den Hinterbliebenen das Annehmen des Todes erleichtern.

Und schließlich stellt sich mit der vermehrten Nutzung der digitalen Medien immer dringlicher die Frage, wie mit dem digitalen Nachlass von Verstorbenen umzugehen ist.

1. Diskutieren Sie in Kleingruppen die Möglichkeiten und Gefahren der modernen (Online-) im Gegensatz zur traditionellen (Offline-)Trauerkultur.
2. Wie würden Sie eine Trauer-Website wie https://www.trauer.de/Traueranzeigen/Letzte-Ausgabe/1. gestalten (u. a. welche Inhalte würden Sie zur Verfügung stellen, welche Kontakte verlinken, welche Angebote nennen)?
3. Sehen Sie sich z. B. die Seiten www.doch-etwas-bleibt.de oder www.allesistanders.de an. Wie müsste ein Chat-Angebot zur Trauerbegleitung aussehen, damit Sie es nutzen würden?
4. Laden Sie die Trauer-App »Trauer im Sport« im Google Play Store oder im Apple App Store herunter. Finden Sie ein solches Angebot hilfreich? Für welche anderen Bereiche könnte eine ähnliche App hilfreich sein?
5. Recherchieren Sie über Roboter in der Trauerbegleitung – z. B. auf https://www.mobilegeeks.de/news/ trauerbegleitung-roboter-imitieren-tote/ – und diskutieren Sie in Partnerarbeit, welche Auswirkungen diese Konzepte auf den Trauerprozess haben können.

M 4.17 Adressen von Hilfsangeboten im Fall von Sterbeprozessen, Suizid und Trauer

Hilfsangebote im Fall von Sterbeprozessen

Bundesweite Angebote für Hospiz- und Palliativversorgung

– Deutsche Gesellschaft für Palliativmedizin e. V., Wegweiser Hospiz- und Palliativversorgung in Deutschland: https://www.wegweiser-hospiz-palliativmedizin.de

5 – Deutscher Hospiz- und PalliativVerband e. V: https://www.dhpv.de

– Deutscher Kinderhospizverein e. V.: https://www.deutscher-kinderhospizverein.de

Hilfsangebote im Fall von Suizid

– AGUS e. V. für Suizidtrauernde bundesweit: https://
10 www.agus-selbsthilfe.de, Tel. 0921–150 03 80

– https://www.ak-leben.de, Hilfe in Lebenskrisen und bei Selbsttötungsgefahr, Tel. 0711–600620

– Hilfe in Krisen gGmbH, Beratungsstelle in Berlin, Tel. 030–44013618, https://www.neuhland.net

15 – https://www.das-beratungsnetz.de, zentrale Beratungsplattform für psychosoziale, kostenlose Onlineberatung durch gemeinnützige und paritätische Einrichtungen, Tel. 030–440136118

– https://www.suizidprophylaxe.de, Homepage der
20 Deutschen Gesellschaft für Suizidprävention (DGS), Tel. 0351–4583671

Hilfsangebote im Fall von Trauer

Bundesweite Angebote der Trauerbegleitung

– Bundesverband Trauerbegleitung e. V. bietet Adressen professioneller Trauerbegleitung nach Bundesländern geordnet: https://bv-trauerbegleitung.de, Email: info@bv-trauerbegleitung.de 25

– https://hilfe.diakonie.de bzw. https://www.evangelische-beratung.info – Beratung von Diakonie und Evangelischer Beratung

– »Nummer gegen Kummer« 116111, anonym und kostenlos, montags–samstags von 14–20 Uhr: 30 https://www.nummergegenkummer.de

– Trauerchatrooms für Jugendliche und junge Erwachsene: https://thema.erzbistum-koeln.de/doch-etwas-bleibt/

– Telefonseelsorge: 0800/111 0 111 | 0800/111 0 222, 35 sie bietet auch Mail-, Chat-, und an vielen Standorten eine Vor-Ort-Beratung an

– Trauerchat für Jugendliche und junge Erwachsene: https://doch-etwas-bleibt.de

– ein Projekt des Hospizes Bedburg-Bergheim e. V., 40 https://www.puetz-roth.de/trauerchat-fuer-jugendliche-und-junge-erwachsene.aspx

– Hospizgruppe Freiburg, Tel. 0761-8814988, Homepage von »Alles ist anders« für trauernde Kinder, Jugendliche und junge Erwachsene: https://alle- 45 sistanders.de

– Angebot für trauernde Jugendliche und junge Erwachsene: https://www.klartext-trauer.de, Sorgentelefon: 0800 5892125 für Jugendliche und junge Erwachsene zum Thema Sterben, Tod und Trauer 50 vom Balthasar Kinder-, und Jugendhospiz, 57462 Olpe

– https://www.trauernetz.de – ein Angebot der evangelischen Kirche

Liste entnommen und erweitert aus: Nolden, N., Fay, K. (2018): Palliativ & Schule: Sterben, Tod und Trauer im Unterricht mit jugendlichen Schülerinnen und Schülern. Hg. v. B. Weihrauch, R. Voltz. Stuttgart, S. 138–139.

RU PRAKTISCH – BERUFLICHE SCHULEN

Monika Marose | Natalia Verzhbovska | Ekram El Baghdadi | Kirsten Fay | Nicole Nolden

Jenseitsvorstellungen in Judentum, Christentum und Islam

Unterrichtsbausteine für berufsbildende Schulen

2016. 79 Seiten, mit 54 Abbildungen und inklusive eBook, kartoniert
€ 23,00 D
ISBN 978-3-525-77694-0

eBook: € 18,99 D
ISBN 978-3-647-77694-1

Der Band für berufsbildende Schulen bietet Schülerinnen und Schülern durch verschiedene Zugänge und viele Übungen die Möglichkeit, Vorstellungen vom Jenseits in den abrahamitischen Religionen kennenzulernen. Die jungen Erwachsenen sollen für deren tröstendes Potenzial sensibilisiert werden. Dies geschieht sowohl auf kognitiver Ebene durch die Vermittlung von Faktenwissen, als auch auf emotionaler Ebene durch die Schulung des Empathievermögens der Lernenden, die in ihren jeweiligen Berufen mit hoher Wahrscheinlichkeit Trauernden unterschiedlicher Religionszugehörigkeit begegnen.

Matthias Günther

Mit Tod und Trauer umgehen

Material zu kompetenzorientiertem RU in berufsbildenden Schulen

2016. 80 Seiten, mit 20 Abbildungen und inklusive eBook+, kartoniert € 22,00 D
ISBN 978-3-525-77691-9

eBook: € 17,99 D
ISBN 978-3-647-77691-0

Tod und Trauer beschäftigen jeden Menschen im Laufe seines Lebens. Der Umgang mit eigenen Verlusten und den Verlusten anderer fällt nie leicht. Umso wichtiger ist es, das Thema bereits in der Schule zu reflektieren. Ziel des binnendifferenzierten Materials ist es, Lehrkräfte an beruflichen Schulen zu ermutigen. Sie können Schülerinnen und Schülern Räume zur Aneignung von Kompetenzen im Umgang mit Tod und Trauer eröffnen – als Ressourcen, auf die sie bei der Bewältigung eigener wie fremder Verluste zurückgreifen können. Besonders in Erziehungs- und Pflegeberufen werden Schülerinnen und Schüler später ihnen anvertrauten trauernden Menschen begegnen und vor der Aufgabe stehen, sie eine Strecke auf ihrem Weg der Trauer zu begleiten.

Vandenhoeck & Ruprecht Verlage
www.vandenhoeck-ruprecht-verlage.com

Preisstand 1.1.2019

RU PRAKTISCH – BERUFLICHE SCHULEN

Matthias Günther

Liebe(n) lernen

Bausteine für den Religionsunterricht
an berufsbildenden Schulen

2019. 62 Seiten, inklusive eBook+, kartoniert
€ 19,00 D
ISBN 978-3-525-77239-3

eBook: € 15,99 D
ISBN 978-3-647-77239-4

Liebe ist ein universales Thema. Es bewegt alle Menschen, egal in welcher Form, ganz unabhängig von
gesellschaftlichen und religiösen Konstellationen.
Deshalb hat sie im Religionsunterricht von jeher
einen festen Platz. Denn Liebe und Lieben müssen
gelehrt und gelernt werden. Matthias Günther zeigt
in seinem Werk mögliche Lernwege auf.

Mit den Materialien und Lernarrangements erwerben
die Schülerinnen und Schüler Kompetenzen in Bezug
auf Liebe untereinander sowie Empathie gegenüber
Menschen, für die sie beruflich Verantwortung tragen (werden). Des Weiteren lernen sie, gesellschaft-
liches und religiöses Leben kritisch-reflektiert zu
betrachten.

Monika Marose | Matthias Gronover

Jesus in Beruf und Leben

Bausteine für den Religionsunterricht
an berufsbildenden Schulen

2020. ca. 96 Seiten, mit ca. 50 Abb., inklusive eBook+, kartoniert
ca. € 22,00 D
ISBN 978-3-525-70293-2

eBook: ca. € 17,99 D
ISBN 978-3-647-70293-3

Erscheint im Mai 2020

Als herausragende Persönlichkeit schafft es Jesus, viele
Menschen zu faszinieren, egal ob religiös oder nicht.
Gleichzeitig gestaltet sich eine lebensweltlich ange-
bundene Vermittlung seiner Geschichte im Religionsunterricht häufig als schwierig. Dieser Band
schafft es, Jesu Biografie mit der Lebenswirklichkeit
heutiger Schülerinnen und Schüler zu verbinden. Er
zeigt, wie aktuell die existenziellen Konflikte sind,
denen er sich stellen musste, und welch zahlreiche
Anknüpfungspunkte sich zwischen seinen Erlebnissen
und den Erlebnissen der jungen Erwachsenen in der
Arbeitswelt und in ihrem Leben ergeben.

Mehr unter www.vandenhoeck-ruprecht-verlage.com/berufliche-schulen

V&R Vandenhoeck & Ruprecht Verlage
www.vandenhoeck-ruprecht-verlage.com

Preisstand 1.1.2019